CANTIQUES SPIRITUELS,

AVEC L'OFFICE DU S^{T}.-ROSAIRE,

ET LA MANIÈRE DE RÉCITER LE CHAPELET.

A L'USAGE DE LA PAROISSE DE S^{T}.-ROCH.

CINQUIÈME ÉDITION,

REVUE, CORRIGÉE ET AUGMENTÉE.

S^{T}. R.

A PARIS,

DE L'IMPRIMERIE DE CHASSAIGNON.

Se trouvent à la Sacristie, et chez les Libraires du Portail et du Passage de St.-Roch.

1822.

TABLE DES CANTIQUES.

CANTIQUES.

I. Invitation a bénir le Seigneur.

Air : *du Drapeau.*

Peuples de l'univers,
Dans vos langages divers,
Consacrez, dans tous les temps,
Au Seigneur vos vœux, vos accens;
Que tout lui rende honneur;
Que tout être
Chante son auteur
Et son maître;
Que toutes les voix
Bénissent son nom à la fois.

Dieu seul avoit été,
Régnant sur l'éternité,
Et tout, à lui seul présent,
Etoit perdu dans le néant.
Il dit, et, sous ses yeux,
Naît le monde:
La terre et les cieux,
L'air et l'onde.
Tout le genre humain
Ne fut qu'un essai de sa main.

Astre brillant des jours,
Poursuis ton rapide cours,
Fais voir l'éclat de tes feux
Aux climats les plus ténébreux;
Etale ta splendeur
Sur les ondes;

Montre ta grandeur
Aux deux mondes;
Annonce, en tout lieu,
Que ton Créateur seul est Dieu.

Vous, astres de la nuit,
Dont l'éclat nous réjouit,
De quels amas de clartés
Vous frappez nos yeux enchantés!
Vos courses, vos retours,
Vos absences,
Vos vastes contours,
Vos distances,
Diront à jamais
Que la main de Dieu vous a faits.

Du bruit de sa grandeur
Portez au loin la terreur,
Nuages qu'un dieu vengeur
Charge de sa juste fureur:
Que vos éclairs perçans,
Vos ténèbres,
Vos éclats bruyans
Et funèbres,
Disent aux humains,
Que la foudre n'est qu'en ses mains.

Vous, animaux divers,
Dont l'air, la terre et les mers,
Nous montrent l'agilité,
L'instinct, les essaims, la beauté,
Faites connoître tous
Votre hommage;
Que tout soit, en vous,
Un langage,
Qui rende au Seigneur,
Son tribut d'amour et d'honneur.

II. Pour l'Avent.

Air : *Tous les Bourgeois de Chartres.*

Le fils du Roi de Gloire
Est descendu des Cieux :
Que nos chants de victoire
Eclatent en tous lieux.
Il soumet les enfers,
Il calme nos alarmes,
Il tire l'univers
Des fers,
Et, pour jamais,
Lui rend la paix ;
Ne versons plus de larmes.

Son amour le fait naître
Pour le salut de tous ;
Il fait par-là connoître
Ce qu'il attend de nous :
Qu'un cœur brûlant d'amour
Lui marque son hommage.
Faisons-lui tour-à-tour
La cour,
Dès aujourd'hui
N'aimons que lui :
Quel plus heureux partage !

Vains honneurs de la terre,
Je veux vous oublier.
Le maître du tonnerre
Montre à s'humilier.
De vos trompeurs appas
Je saurai me défendre.
Tu n'arrêteras pas
Mes pas,
Monde flatteur,
Monde enchanteur :
Je ne veux plus t'entendre.

Régnez seul, en mon ame,

Dieu fait homme pour nous !
Mon cœur n'aura de flamme
Que pour brûler pour vous.
On ne peut être heureux
Qu'en craignant sa foiblesse ;
Je veux fixer les yeux
Aux cieux :
Et votre loi,
Céleste Roi,
M'affermira sans cesse.

III. Pour Noël.

Quels sont ces nouveaux concerts
Dont les airs,
De toutes parts, retentissent ?
Sans doute le Ciel, pour nous,
Est plus doux :
Les Anges s'en réjouissent.

Que la paix règne en ce lieu !
Gloire à Dieu !
Disent-ils, pleins d'alégresse.
A leur exemple, chantons,
Bénissons
Ce Dieu rempli de tendresse.

Le Seigneur nous rend la paix
Pour jamais ;
Unissons-nous aux saints Anges,
Pour célébrer cet enfant
Triomphant,
Quoiqu'enveloppé de langes.

Bethléem est le séjour,
Où l'amour
Pour les hommes, le fait naître.
Allons tous, sans différer,
L'adorer :
Allons voir un si bon maître.

Je le vois ce Dieu clément :
O moment
Le plus heureux de ma vie !
Quelle ardeur vient m'enflammer !
A l'aimer,
Sa tendresse me convie.

Ses regards pleins de douceur,
Dans mon cœur
Portent mille traits de flamme.
Hélas ! j'étois dans les fers
Des enfers :
Il vient racheter mon âme.

Doux Sauveur du genre humain,
C'est ta main
Qui vient de briser mes chaînes :
Tu daignes naître pour moi,
Divin Roi,
Tu finis toutes mes peines.

IV. Pour la Fête de Noël.

Dans cette étable,
Que Jésus est charmant !
Qu'il est aimable
Dans son abaissement !
Que d'attraits à la fois !
Tous les palais des rois
N'ont rien de comparable
Aux beautés que je vois
Dans cette étable.

Heureux mystère !
Jésus souffrant pour nous,
D'un Dieu sévère
Apaise le courroux.
Pour sauver le pécheur,
Il naît dans la douleur,
Et sa bonté de père

Eclipse sa grandeur :
Heureux mystère !

Que je vous aime !
Peut-on voir vos appas,
Beauté suprême,
Et ne vous aimer pas?
Puissant maître des cieux,
Brûlez-moi de ces feux
Dont vous brûlez vous-même ;
Ce sont là tous mes vœux :
Que je vous aime !

V. Fruits de la Naissance de Jésus-Christ.

Air : *Que ne suis-je la fougère ?*

Célébrons le roi de gloire,
Par nos vœux et nos concerts,
Et des chants de sa victoire
Faisons retentir les airs.
Qu'à bénir Dieu tout s'empresse,
Dans ce jour si fortuné.
Livrons-nous à l'alégresse :
Un Rédempteur nous est né.

Quelle merveille ineffable !
L'Eternel, le Tout-Puissant
Est couché dans une étable,
Sous la forme d'un enfant :
Mais, si cet auguste maître
Nous cache sa majesté,
Qui peut ici méconnoître
Son immense charité?

Il nous élève, et lui-même
Il daigne s'anéantir :

Par son indigence extrême,
Il cherche à nous enrichir.
Les souffrances qu'il endure
Mettront fin à nos malheurs:
Pour laver notre âme impure,
Ses yeux répandent des pleurs.

Accourons tous à la crêche,
Portons nos yeux sur Jésus:
Déjà, sans parler, il prêche
La pratique des vertus.
Heureux l'homme qui contemple
D'un Dieu les abaissemens,
Et qui sait, sur cet exemple,
Régler tous ses sentimens!

Le Dieu-Verbe dans l'enfance,
De l'orgueil doit nous guérir;
Le Dieu saint dans la souffrance,
Doit nous apprendre à souffrir.
En voyant, dans une étable,
Naître notre Rédempteur,
Que de tout bien périssable
L'homme détache son cœur.

Saint Enfant, divin Messie,
Verbe fait homme pour nous,
Vous nous apportez la vie;
Ah! que ferons-nous pour vous?
A vous seul, maître adorable,
Nous nous donnons en ce jour:
Vous serez, Sauveur aimable,
Seul l'objet de notre amour.

VI. A Sainte-Geneviève.

AIR : *Des folies d'Espagne.*

Illustre Vierge, humble et simple bergère,
De votre nom je chante la splendeur:

Le monde entier l'honore et le révère;
Mais Dieu lui seul en connoît la grandeur.

Rois, conquérans, vos exploits, votre gloire,
Tout a péri : l'on ne vous connoît plus;
Mais l'univers célèbre la mémoire
D'une bergère, et chante ses vertus.

Nous le voyons, l'éclat de la naissance
Ne sert de rien pour nous rendre immortels;
C'est la vertu que le Ciel récompense,
Et dont la terre encense les autels.

VII. Pour l'Épiphanie.

Air *connu*.

Quelle brillante lumière
Etincelle dans les cieux!
Son éclat est un mystère
Qui parle au cœur plus qu'aux yeux.
Suivez ce guide fidèle,
Rois, partez sans hésiter:
C'est le Ciel qui vous appelle;
Craignez de lui résister.

Oui, c'est Dieu qui vous invite
A suivre l'astre nouveau;
Sa grâce vous sollicite
A venir à son berceau;
Mais, tandis qu'il vous attire,
Israël est condamné....
Dieu se venge et se retire
D'un cœur au mal obstiné.

Que d'épreuves! que d'obstacles
Les rois trouvent sur leurs pas!
Mais Dieu parle, et les miracles
Ne les abandonnent pas.
Quand la grâce vous seconde,
Mortels, pourquoi craignez-vous?

Que peut l'enfer et le monde,
Quand le ciel combat pour vous?

Un enfant qui vient de naître,
Une crêche, un antre affreux !...
A ces traits, comment connoître
Un Dieu fait homme pour eux?
Mais la foi qui les éclaire
Lève ce voile effrayant.
Quand Dieu parle, il faut se taire:
On ne lui plaît qu'en croyant.

Suivons l'exemple des Mages:
Adorons Jésus enfant;
Présentons-lui les hommages
D'un amour pur et constant.
Pour nous, l'Etoile est la grâce
Qui nous parle au fond du cœur;
Et la route qu'elle trace
Mène au souverain bonheur.

VIII. A l'Enfant Jésus.

AIR : *Ah ! vous dirai-je, maman...*

Quel cœur ne seroit touché
En voyant que le péché,
O Jésus ! enfant aimable,
Vous fait naître en une étable:
Ah ! pour prix de tant d'amour,
Prenez mon cœur sans retour.

Cette admirable douceur
Touche et pénètre mon cœur;
Ce regard, plein de tendresse,
Et m'encourage et me presse
A chérir mon divin Roi,
Qui souffre et mourra pour moi.

Je vois le Verbe éternel,
Pour sauver le criminel,

Revêtu de sa nature,
Au fond d'une grotte obscure,
Pleurer bien moins ses douleurs
Que nos coupables erreurs.

Malgré tous mes attentats,
Quoi! vous me tendez les bras.
O miséricorde insigne!
Vous me dites par ce signe
Que je dois, sans hésiter,
Dans vos bras m'aller jeter.

IX. Confiance en Jésus.

AIR: *Triste raison.*

Le monde, en vain, par ses biens et ses charmes,
Veut m'engager à marcher sous sa loi:
Mais, pour me vaincre, il faut bien d'autres armes:
Je ne crains rien, Jésus est avec moi.

Mondains, épris des faux biens de la terre,
Déchaînez-vous pour me remplir d'effroi.
Quand, de concert, vous me feriez la guerre,
Je ne crains rien, Jésus est avec moi.

Non, non, jamais la mort la plus cruelle
Ne me fera trahir ce divin Roi;
Jusqu'au trépas je lui serai fidèle:
Je ne crains rien, Jésus est avec moi.

Que les enfers, les airs, la terre et l'onde
Conspirent tous à me remplir d'effroi;
Quand je verrois crouler sur moi le monde,
Je ne crains rien, Jésus est avec moi.

X. Sur la Providence.

AIR *connu.*

Chrétien, de tes craintes
Quel est le sujet?

Pourquoi tant de plaintes
Pour un vain objet ?
Connois la tendresse
Du céleste Roi ;
Ses regards sans cesse
Reposent sur toi.

Oui, ce divin Père
Prend soin de tes jours.
Jamais on n'espère
En vain son secours.
Sa bonté suprême
Prévient tous nos vœux ;
C'est assez qu'il aime,
Pour nous rendre heureux.

Dans son Évangile,
Ce doux Rédempteur,
D'un soin inutile
Condamne l'erreur.
Je l'entends se plaindre
De ton peu de foi.
Ah! cesse de craindre:
Il t'en fait la loi.

Il n'est qu'une affaire,
Dit son tendre cœur;
Le seul nécessaire
Fait votre bonheur:
Au règne céleste
Portez vos souhaits ;
J'aurai soin du reste:
Demeurez en paix.

Sans inquiétude
Pour le lendemain,
Sans sollicitude,
Vivez dans mon sein ;
L'avenir vous gêne,
Toujours sans profit.
À porter sa peine
Chaque jour suffit.

XI. Sur la Charité.

AIR : *Te bien aimer.*

Si je parlais des Anges le langage;
Si je donnois aux pauvres tout mon bien ;
Quand des mortels je serois le plus sage,
Sans charité, que serois-je ?.... hélas! rien.

La prophétie et le don des miracles
N'existent plus dans l'immortel séjour.
Dieu cessera de rendre des oracles ;
La charité réguera pour toujours.

La charité n'est jamais envieuse,
Sa langue évite un propos indiscret;
Toujours prudente, et point ambitieuse,
Elle renonce à son propre intérêt.

La charité sait tout vaincre et tout croire,
Tout espérer, tout faire et tout souffrir :
Unir les cœurs est pour elle une gloire;
Et son bonheur est de nous secourir.

Recherchons-la, cette vertu charmante ;
Si nous l'avons, ne la perdons jamais ;
Oh ! quel trésor ! que son prix nous enchante !
Elle est du ciel un des plus grands bienfaits.

Quand pourrons-nous, charité, don suprême,
Au sein de Dieu te chanter à jamais !
Ah ! c'est alors que, brûlant de toi-même,
Nous nagerons dans des fleuves de paix.

XII. Sur les Souffrances.

AIR : *Goûtez, âmes ferventes.*

Voila donc mon partage :
La souffarnce ou la mort :
Dieu l'ordonne, il est sage,
Je dois bénir mon sort.

Le matin de ma vie,
J'ai cueilli quelques fleurs;
Pour punir ma folie,
Dieu me condamne aux pleurs. (*bis.*)

En vain, monde frivole,
Tu voudrois les tarir :
Puisqu'un Dieu me console,
Ah! laisse-moi souffrir.
Tes biens, tes espérances,
Tes plaisirs ne sont rien,
Et j'ai, dans mes souffrances,
La source de tout bien.

Si le Dieu des vengeances
Appesantit ses coups,
Mes maux et mes souffrances
Calmeront son courroux:
S'il est juge, il est père,
Il entendra ma voix,
Et le Dieu du Calvaire
Sait adoucir les croix.

Il connoît mes alarmes,
Il compte mes soupirs;
Il veut payer mes larmes
Par d'éternels plaisirs.
Doux espoir qui ranime
Et soulage mon cœur!
Si je suis sa victime,
Il sera mon bonheur.

Pour son Dieu, quand on l'aime,
Souffrir est un bienfait;
Et la souffrance même
Est un plaisir parfait.
Ah! qu'on trouve de charmes
A pleurer chaque jour,
Mon Dieu! lorsque les larmes
Viennent d'un saint amour!

Vous, qui de ce bon père
Eprouvez le courroux,

Montez sur le Calvaire,
Voyez, et plaignez-vous :
Si Jésus, sans se plaindre,
Est mort dans les douleurs,
Un pécheur doit-il craindre
De verser quelques pleurs ?

O Marie, ô ma mère !
Quelle est votre douleur !
Un glaive sanguinaire
A percé votre cœur !
O Jésus ! ô Marie !
Vous n'aimez que les croix,
Et j'aurois la folie
De faire un autre choix !

C'en est fait, je t'embrasse,
O croix, ô mes amours !
Grand Dieu, fais, par ta grâce,
Que je l'aime toujours.
Un pécheur, pour te plaire,
Ne doit plus que gémir;
Et, pour te satisfaire,
Ou souffrir, ou mourir.

XIII. Contre la Danse.

AIR : *La pénitence.*

Funeste danse,
Qui séduis le cœur des humains,
Quoique innocente en apparence,
Tu fus toujours l'effroi des saints,
Funeste danse !

Tout est funeste
Dans ces trop dangereux séjours;
Le son, la voix, l'œil et le geste,
Le luxe et mille vains atours,
Tout est funeste,

Oh! qu'il en coûte
Pour suivre de pareils abus !
Pour un vil plaisir qu'on y goûte,
On y perd toutes les vertus.
Oh! qu'il en coûte!

Danse tragique!
Pour toi, le sang du Précurseur,
D'une Hérodias impudique
Assouvit l'horrible fureur,
Danse tragique!

Filles chrétiennes,
Soyez plus sages que Dina.
Évitez les danses païennes;
Imitez la jeune Sara,
Filles chrétiennes.

C'est la tristesse
Qui fait le partage des saints;
Mais elle enfante l'alégresse;
Au lieu que la fin des mondains
C'est la tristesse.

XIV. PARAPHRASE DU *NUNC DIMITTIS*.

AIR : *Dans ma cabane obscure.*

La mort peut, de son ombre,
Me couvrir désormais;
Seigneur, dans la nuit sombre
Mes jours iront en paix.
Mon âme est trop contente
De voir, dans ce saint lieu,
L'objet de mon attente,
Mon Sauveur et mon Dieu.
A l'éclat ineffable
Qui sort de ses attraits,
De ton Verbe adorable
Je reconnois les traits;

C'est lui, c'est le Messie
Qui nous étoit promis;
Suivant ta prophétie,
Nous possédons ton Fils.

Tu l'as mis en spectacle
Sous les yeux des humains,
Pour être un jour l'oracle
Et l'amour de tes saints.
Quel astre nous éclaire!
Dieu donne, en même temps,
Au monde la lumière,
La gloire à ses enfans.

XV. A LA SAINTE VIERGE.

AIR : *Joseph et Marie.*

ENFIN s'accomplit le mystère
Si long-temps prédit aux Hébreux:
Ici-bas une Vierge mère
Porte en son sein le Roi des cieux.

Fut-il jamais, dans la nature,
Un prodige aussi ravissant!
Le salut de la créature
Est le bienfait d'un Dieu naissant.

Qui pourroit chanter tes louanges ?
Vierge, tu changes notre sort;
Ton fils nous préfère à ses Anges,
Et nous rend vainqueurs de la mort.

Unis à Dieu par la naissance
Du Verbe incarné dans le temps,
Tu nous rends, par cette alliance,
Ses frères comme ses enfans.

Reine du céleste héritage,
Daigne, du haut de ce séjour,
Délivrer de leur esclavage
Ceux qui réclament ton amour.

Que tout s'empresse et se rassemble
Pour célébrer cette faveur ;
Mortels, prosternez-vous ensemble
Devant la mère du Sauveur.

XVI. Sentimens de Pénitence

Pour le Carême.

AIR : *Que ne suis je la fougère?*

ou : *En amour c'est au village.*

Pourquoi ce deuil et ces larmes?
Pourquoi ces tristes accens?
C'est une mère en alarmes
Qui gémit pour ses enfans.
C'est l'Eglise désolée
Qui voit le ciel en courroux.
C'est une épouse accablée
Qui pleure son tendre époux.

Ah! tandis que sa tristesse
Nous invite à la douleur,
Pécheur, sors de ton ivresse ;
Gémis et brise ton cœur :
Sur ton front couvert de cendre,
Elle écrit ton dernier sort,
Et, mortel, tu viens de rendre
Tes hommages à la mort.

Voilà donc ta destinée :
La mort, la cendre et les vers!
Que sert donc, âme obstinée,
De briller dans l'univers?
Songe, songe au bien suprême ;
Tout le reste n'est qu'erreur :
C'est dans l'éternité même
Qu'il faut chercher le bonheur.

Quel jour! quel temps plus propice?
Tout t'appelle au repentir :

Vois ton Dieu, vois son supplice;
C'est pour toi qu'il va mourir.
Il meurt : et j'ose prétendre
A vivre dans le plaisir!
Quoi! le sang qu'il va répandre
Ne m'arrache aucun soupir!

Seigneur, je vois ta justice
Menacer mes attentats:
Par quel digne sacrifice
Puis-je désarmer ton bras?
Parle, nomme la victime;
Mais soutiens mon foible cœur :
Heureux, pour laver mon crime,
Si je mourois de douleur!

Je dois, par la pénitence,
Venger le ciel irrité;
Changer sa haine en clémence,
Et sa colère en bonté.
Et mêlant ainsi mes larmes
Au sang de Jésus mourant,
Je puis finir mes alarmes,
Vivre et mourir pénitent.

XVII. Jugement dernier.

J'entends le bruit fatal,
Qui donne le signal
Pour embrâser le monde...
Déjà les feux, les airs
Conspirent avec l'onde,
Pour perdre l'Univers.

Dans ce chaos affreux,
Le ciel est ténébreux,
Le ciel sans lumière;
La terre en un instant,
Inutile poussière,
Penche vers le néant.

Plus brillant que l'éclair,
L'Ange paroît dans l'air,
Il tonne : à sa parole,
Dans leurs tombeaux, les morts,
De l'un à l'autre pôle,
Reprennent tous leur corps.

Des peuples éperdus,
Et des rois confondus,
La troupe consternée,
Sortant des monumens,
Attend, pour destinée,
La gloire ou les tourmens.

L'Éternel, le vrai Dieu,
Sur un trône de feu,
Armé de son tonnerre,
Se fait voir à leurs yeux;
Tout frémit sur la terre,
Tout tremble dans les cieux.

Ce puissant scrutateur
Va, jusqu'au fond du cœur,
Dévoiler chaque vice.
Tout est manifesté;
Il juge la justice,
Comme l'iniquité.

Dans ce moment, l'élu
Se croit presque perdu.
L'on entend les coupables
Blasphémer, pousser tous
Ces cris épouvantables :
Rochers, écrasez-nous.

Le Seigneur irrité,
Juge avec équité,
Fait fuir sa clémence,
Contre le criminel
Prononce la sentence :
L'arrêt est sans appel.

Allez, dit-il: pécheurs,
Allez aux feux vengeurs ,
Qui puniront vos crimes.
Je vais, sans fin, sur vous,
Lancer, dans ces abymes,
Les traits de mon courroux.

Pour vous, heureux élus,
Venez, ne craignez plus:
Faites cesser vos larmes;
Suivez-moi dans les cieux:
Ce séjour, plein de charmes,
Remplira tous vos vœux.

XVIII. Vanité du Monde.

Sur l'Air militaire: *Du drapeau.*

Tout n'est que vanité,
Mensonge, fragilité,
Dans tous ces objets divers
Qu'offre à nos regards l'univers:
Tous ces brillans dehors,
Cette pompe,
Ces biens, ces trésors,
Tout nous trompe,
Tout nous éblouit;
Mais tout nous échappe et nous fuit.

Que doivent devenir,
Pour l'homme qui va mourir,
Ces biens long-temps ramassés,
Cet argent, cet or entassés?
Fût-il du genre humain
Seul le maître,
Pour lui tout enfin
Cesse d'être:
Au jour de son deuil,
Que lui reste-t-il? Un cercueil.

Tel qui voit, aujourd'hui,
Ramper au-dessous de lui,
Un peuple d'adorateurs
Qui brigue à l'envi ses faveurs :
Tel devenu, demain,
La victime
D'un revers soudain
Qui l'opprime,
Nouveau malheureux,
Est esclave et rampe comme eux.

J'ai vu l'impie heureux
Porter son air fastueux
Et son front audacieux
Au-dessus du cèdre orgueilleux.
Au loin tout révéroit
Sa puissance,
Et tout adoroit
Sa présence;
Je passe, et soudain
Il n'est plus; je le cherche en vain.

Au savant orgueilleux,
Que sert un génie heureux,
Un nom devenu fameux
Par mille travaux glorieux?
Non, les plus beaux talens,
L'éloquence,
Les succès brillans,
La science,
Ne servent de rien
A qui ne sait vivre en chrétien.

XIX. Sur la Pénitence.

AIR : *Que ne suis-je la fougère?*

Pourquoi différer sans cesse?
Dieu vous appelle aujourd'hui.

Il vous exhorte, il vous presse;
Revenez enfin à lui.
De votre état déplorable
N'aurez-vous jamais horreur?
Pleurez, pécheur misérable,
Pleurez sur votre malheur.

Du Seigneur, par votre crime,
Vous méritez le courroux;
Voyez l'éternel abyme
Qui déjà s'ouvre pour vous.
Du ciel calmez la vengeance,
Rentrez en grâce avec Dieu:
L'enfer, ou la pénitence,
Non, il n'est point de milieu.

Quelle illusion extrême
Jusqu'ici vous a séduit!
Seul ennemi de vous-même,
Vous aimez ce qui vous nuit.
Des pécheurs suivant la trace,
Vous avez erré long-temps:
Imitez ceux que la grâce
A rendus vrais pénitens.

Pour expier notre crime,
Que vois-je! un Dieu pénitent!
Jésus est notre victime,
Il souffre, quoiqu'innocent.
Quel exemple, homme coupable,
Plus propre à vous animer!
Sur ce modèle adorable
Il est temps de vous former.

Votre cœur enclin au vice,
S'est éloigné du Seigneur;
Qu'une si noire injustice
Vous pénètre de douleur:
Que ce cœur ingrat soupire
D'avoir pu se pervertir;
Qu'il se fende et se déchire
Par l'excès du repentir.

Plus d'attache criminelle,
Plus d'amour pour les plaisirs.
Qu'en vous tout se renouvelle;
Nouveau cœur, nouveaux desirs.
D'un monde impur et profane
Ne suivez plus les attraits;
De tout ce que Dieu condamne,
Eloignez-vous pour jamais.

Dans vos maux, dans la souffrance,
Soumettez-vous au Seigneur;
D'une sévère abstinence
Ne craignez point la rigueur.
Que le pauvre, en sa misère,
Soit aidé par vos bienfaits:
Que le travail, la prière,
Vous occupent désormais.

Que de votre pénitence
Rien n'interrompe le cours:
Le regret de votre offense
Doit en vous durer toujours.
Une paix inaltérable,
Un calme délicieux,
De ce repentir durable
Sera le fruit précieux.

PRIÈRE DU PÉCHEUR PÉNITENT A JÉSUS-CHRIST.

AIR : *Vous brillez seule.*

DIVIN Jésus, Dieu débonnaire,
Sur un pécheur montrez votre bonté;
C'est en vous que mon âme espère:
Pardonnez, pardonnez mon iniquité.

C'est vous, Jésus, maître adorable,
Hélas! c'est vous que j'ai déshonoré,

Vous, qui, pour sauver ce coupable,
Sur la croix, sur la croix avez expiré.

O cœur ingrat, plein de malice,
Tu n'as pas craint d'outrager ton Sauveur:
Quand je pense à mon injustice,
Je voudrois, je voudrois mourir de douleur.

Voyez ma tristesse profonde :
Plein de regret, j'embrasse vos genoux.
Aimable Rédempteur du monde,
En pleurant, en pleurant, j'ai recours à vous.

Rendez-vous sensible à mes larmes;
Sans vos bontés, je ne puis que périr:
Grand Dieu, terminez mes alarmes:
De mes maux, de mes maux daignez me guérir.

Dans le regret de mon offense,
Daignez, mon Dieu, toujours me soutenir !
Quelle que soit votre clémence,
Ma douleur, ma douleur ne doit point finir.

XXI. La Présence de Dieu.

AIR : *J'entends le bruit fatal....*

Où puis-je me cacher,
Lorsque je veux pécher,
O grand Dieu, que j'adore?
Partout, Dieu tout-puissant,
Du couchant à l'aurore,
N'êtes-vous pas présent?

Irai-je vers les cieux?
Assis dans ces hauts lieux,
Vous formez le tonnerre.
Quand même j'entrerois
Au centre de la terre,
Je vous y trouverois.

Vous voyez, ô Seigneur,
A travers l'épaisseur
Des plus fortes murailles;
Dans mon coeur vous entrez:
Jusque dans mes entrailles,
Mon Dieu, vous pénétrez.

Votre œil partout me voit:
Que je sois sous mon toit,
En ville, à la campagne,
Sans se fermer jamais,
Il veille, il m'accompagne,
Et voit ce que je fais.

Si je veux, ô Seigneur,
Pécher à la faveur
D'une nuit ténébreuse;
La nuit, mon Dieu, pour vous,
Est aussi lumineuse
Que le jour l'est pour nous.

Vous comptez tous mes pas,
Lorsque, vers le trépas,
Par chacun d'eux j'avance;
En tout vous m'observez,
Et, gardant le silence,
Seigneur, vous écrivez.

En vain mon cœur dira:
Ici l'on ne pourra
Ni me voir, ni m'entendre;
Le vif remords qu'il sent,
Seigneur, me fait comprendre
Que vous êtes présent.

D'où me vient cet effroi
Que je sens malgré moi,
Que je ne puis contraindre?
Etant seul à l'écart,
O mon Dieu! qu'ai-je à craindre?
Ah! c'est votre regard.

Que votre majesté,
Que votre sainteté

Partout me soit présente;
Qu'en tout lieu, que toujours,
O Seigneur, je ressente
Votre puissant secours!

XXII. Le Bonheur de la Conversion.

AIR: *La fête des bonnes gens.*

Dieu, sensible à nos peines,
Et de nos larmes touché,
Vient de briser les chaînes
Qui nous lioient au péché:
Ce Dieu, rempli de tendresse,
Vient de changer notre cœur;
Livrons-nous à l'alégresse,
Et chantons notre bonheur.

Sortis de l'esclavage,
Nous avons la liberté.
Enfin, après l'orage,
Règne la sérénité:
Plus de crainte et de tristesse;
Nous goûtons la paix du cœur.
Livrons-nous, etc.

Si notre âme est fidèle
A conserver son amour,
Une gloire immortelle
Sera notre sort un jour:
Dieu pour lors, avec largesse,
Consolera notre cœur.
Livrons nous, etc.

XXIII. A LA CROIX.

AIR : *Du Confiteor.*

GLOIRE à Jésus! gloire à sa Croix!
Gloire à sa charité suprême!
Jésus-Christ, mourant sur ce bois,
Nous montre à quel point il nous aime(*bis*)
Chrétiens, chantons (*bis*) à haute voix :
Gloire à Jésus ! gloire à sa Croix ! (*bis*)

Aimons cette divine Croix;
En Jésus elle est adorable,
Bien loin d'être, comme autrefois,
A tous les humains méprisable.
Chrétiens, chantons, etc.

Aimons cette divine Croix,
Qui comprend toutes les victimes.
C'est l'autel où le Roi des Rois
Fut crucifié pour nos crimes.
Chrétiens, chantons, etc.

Aimons cette divine Croix;
C'est le nouvel arbre de vie ;
Le fruit qu'il porte sur son bois
Nous guérit et nous vivifie.
Chrétiens, chantons, etc.

Aimons cette divine Croix :
Elle est notre unique espérance,
Puisque ce doit être à son poids
Qu'on pèsera ma récompense.
Chrétiens, chantons, etc.

Triomphez donc, divine Croix,
O source, ô canal de la grâce!
Mon heureux sort! mon digne choix!
Je vous adore et vous embrasse.
Chrétiens, chantons à haute voix :
Vive Jésus! vive sa Croix!

XXIV. PAQUES.

AIR : *O filii.*

CHRÉTIENS, chantez tous avec moi
Le triomphe de notre Roi,
Et tout le ciel nous répondra :
Alleluia.

De la mort il subit la loi ;
Mais, pour affermir notre foi,
Jésus-Christ se ressuscita. Alleluia.

Madeleine vient au tombeau ;
Mais, ciel ! quel prodige nouveau !
L'ange lui dit : Il n'est plus là. Alleluia.

Allez apprendre à ses amis
Qu'il revit comme il l'a promis ;
Qu'en Galilée on le verra. Alleluia.

Pierre aussitôt court avec Jean,
Ils entrent dans le monument :
Et leur doute se dissipa. Alleluia.

Bientôt il se fit voir à tous.
La paix, dit-il, soit avec vous :
Auprès de Jésus qui craindra ? Alleluia.

Thomas n'étant point avec eux,
Je veux, dit-il, voir de mes yeux,
Ou jamais Thomas ne croira. Alleluia.

Huit jours après, notre Sauveur,
Montrant la marque sur son cœur,
Lui dit : Mettez votre main-là. Alleluia.

Thomas détestant son erreur,
Mon Dieu, dit-il, et mon Seigneur....
Le fils de Dieu lui pardonna. Alleluia.

En me voyant, vous avez cru ;
Mais heureux qui, sans avoir vu,
Avec foi me confessera. Alleluia.

Pour nous, célébrons, en ce jour,
Dieu qui, dans l'immortel séjour,
Aux élus nous réunira. Alleluïa.

En suivant ses ordres divins,
Nous chanterons, avec les saints,
Un éternel alleluia. Alleluïa.

XXV. Madeleine au Tombeau de Jésus-Christ.

Air : *Gentille boulangère.*

Marie, inconsolable
De la mort du Sauveur,
D'une voix lamentable
Exhale sa douleur :
Pour son Dieu tout rallume
Son zèle et ses ardeurs :
Le regret la consume,
Et la fait fondre en pleurs.

Victime de l'envie,
Offerte à Dieu pour moi,
Seul auteur de ma vie,
Comment vivre sans toi?
J'irai, dans mes alarmes,
Plutôt que de languir,
T'arroser de mes larmes,
T'embrasser et mourir.

Elle arrive; la garde
Au tombeau n'étoit plus.
Elle entre, elle regarde....
O parfums superflus!
O douleur plus cruelle
Qu'en te voyant en croix!
Je te perds donc, dit-elle,
Pour la seconde fois.

Que n'ai-je, plus active,
Ici porté mes pas !
Que n'ai-je, moins craintive,
Attaqué les soldats !
Que n'ai-je offert ma tête
Au fer de ses bourreaux !
J'aurois, ce jour de fête,
Vu la fin de mes maux.

Saint objet de mes larmes,
Mon guide et mon secours,
Sauveur rempli de charmes,
Adieu donc pour toujours :
Adieu, pasteur aimable ;
Adieu, cher Rédempteur !
Marie inconsolable
Va mourir de langueur.

Adieu, triste demeure...
Mais qui, dans ce verger,
Se promène à cette heure ?
Je cours l'interroger.
O toi, que je crois être,
De ces jardins fleuris,
Cultivateur ou maître,
Dis-moi si tu l'as pris.

C'est Jésus, c'est mon père
Que regrette mon cœur.
Vois ma douleur amère,
Sois mon consolateur :
Compatis à ma peine....
Il vit, lui dit Jésus ;
Fidèle Madeleine,
C'est moi, ne pleure plus.

O joie inexprimable !
Aspect délicieux !
O prix inestimable
D'un amour généreux !
Marie adore, embrasse
Les pieds de son Sauveur.

Ainsi Dieu, par sa grâce,
Console la ferveur.

XXVI. SUR LE PARADIS.

AIR : *Où s'en vont ces gais bergers.*

LORSQUE je lève les yeux
Vers le ciel, ma patrie,
Je me trouve malheureux
D'être dans cette vie :
Otez-moi de cet exil fâcheux,
Mon Dieu, je vous en prie.

Les beautés du Paradis
Sont toutes ravissantes :
Ses plaisirs sont sans ennuis,
Ses douceurs innocentes ;
Ses beaux jours n'auront jamais de nuits,
Ses splendeurs sont charmantes.

Heureux élus, vous goûtez
Un bonheur ineffable,
Un torrent de voluptés,
Une paix admirable :
En Dieu vousêtes tout abymés.
Abyme délectable !

O délicieux séjour !
O printemps agréable !
O règne du pur amour !
Asyle desirable !
Loin de vous je languis, nuit et jour,
Dans un corps misérable.

Que ne puis-je m'envoler !
Ah ! que n'ai-je des ailes,
Afin d'aller contempler
Ces beautés éternelles !
O mon Dieu, venez me délivrer
De mes langueurs mortelles.

Quoi ! voudrois-je, pour jamais,
Pour une bagatelle,
Perdre ce séjour de paix,
Cette gloire éternelle !
Non, mon Dieu, je prétends désormais
Vous être plus fidèle.

XXVII. Sur le Ciel.

Le ciel en est le prix !
Que ces mots sont sublimes!
Des plus belles maximes
Voilà tout le précis :
Le ciel en est le prix.

Le ciel en est le prix :
Mon âme, prends courage.
Ah ! si, dans l'esclavage,
Ici-bas tu gémis ! Le ciel, etc.

Le ciel en est le prix !
Amusement frivole,
De grand cœur je t'immole
Au pied du crucifix. Le ciel, etc.

Le ciel en est le prix !
Un rien, Seigneur, vous charme.
Que faut-il ?.... Une larme.
Qui n'en seroit surpris ? Le ciel, etc.

Le ciel en est le prix !
Rends pour moi ce service,
Fais-moi ce sacrifice,
Dieu, parle, je souscris. Le ciel, etc.

Le ciel en est le prix !
Endurons cette injure ;
L'amour-propre en murmure ;
Mais tout bas je lui dis : Le ciel, etc.

Le ciel en est le prix !
Dans l'éternel Empire,

Qu'il sera doux de dire :
Tous nos maux sont finis ! Le ciel, etc.

XXVIII. Actions de graces.

Bénissons à jamais
Le Seigneur dans ses bienfaits.

Bénissez-le, Saints Anges,
Louez Sa Majesté,
Rendez à sa bonté
D'éternelles louanges. Bénissons, etc.

Il a brisé ma chaîne,
Comme un puissant vainqueur,
Et comme un doux Sauveur,
Il m'a mis hors de peine. Bénissons, etc.

Il a guéri mon âme,
Comme un bon médecin ;
Comme un Maître divin,
Il m'éclaire et m'enflamme. Bénissons, etc.

Sa douceur me caresse ;
Sa grâce me guérit ;
Sa force m'affermit ;
Sa charité me presse. Bénissons, etc.

Il m'honore à toute heure
De marques de faveur :
Au milieu de mon cœur
Il a pris sa demeure. Bénissons, etc.

Objet de ma tendresse,
Dieu seul est mon soutien ;
Dieu seul est tout mon bien,
Ma force et ma richesse. Bénissons, etc.

XXIX. Renouvellement des promesses du Baptême.

Je viens, mon Dieu, ratifier moi-même
Ce que pour moi l'on promit autrefois :
L'engagement pour moi pris au baptême,
En ce moment je le fais de mon choix.

Je te renonce, ô prince tyrannique,
Cruel Satan, injuste usurpateur !
Je te déteste, et mon desir unique
Est d'obéir aux lois du Créateur.

Je te renonce, ô péché détestable,
Poison mortel, et tous tes faux attraits.
Ah ! pour te rendre à mon cœur haïssable,
Il me suffit qu'à mon Dieu tu déplais.

Je vous renonce, ô maximes mondaines !
Loin de mon cœur le monde et son esprit !
Avec horreur je vois ses pompes vaines,
Et je m'attache à suivre Jésus-Christ.

De tout mon cœur, mon Dieu, je renouvelle
Ces vœux sacrés, je les fais pour toujours;
Et je promets d'être toujours fidèle
A les garder, avec vôtre secours.

Divin Jésus, je promets de vous suivre;
D'être à vous seul je me fais une loi ;
Non, ce n'est plus pour moi que je veux vivre;
Je vis pour vous, mon Sauveur et mon Roi.

XXX. Résolution de servir Dieu.

Air militaire : *du Drapeau.*

Le dessein en est pris,
C'est fait, je veux, à tout prix,

Suivre de mon Dieu la voix,
Vivre constamment sous ses lois.
Quand l'enfer uniroit
Sa puissance,
Rien n'ébranleroit
Ma constance;
Du vice à jamais
Je détesterai les attraits.

Pour toujours je veux fuir
L'écueil fatal du plaisir
Et tout desir criminel,
Qui fut à mes mœurs si mortel.
Ni la frivolité;
La paresse,
Ni la volupté,
La mollesse,
Malgré leur douceur,
Ne pourront plus rien sur mon cœur.

Non jamais, vain serment,
Blasphème, faux jurement,
Mensonge, ni ses détours,
Ne profaneront mes discours.
Les termes indécens,
Les parjures,
Les traits médisans,
Les injures,
Les mauvais souhaits,
En seront bannis pour jamais.

A servir le Seigneur,
Je veux mettre mon bonheur,
Au bien porter mes amis,
Pardonner à mes ennemis.
Le vol, l'impiété,
L'injustice,
La duplicité,
La malice,
Seront, à mes yeux,
Des objets toujours odieux.

O Dieu de sainteté,
Ma force et ma fermeté,
Sans l'appui de ton secours,
Se démentiroient pour toujours;
Achève, Dieu puissant,
Ton ouvrage;
Soutiens constamment
Mon courage.
Daigne, sans retour,
Me fixer dans ton saint Amour.

XXXI. A Saint Joseph.

AIR : *Réveillez-vous.*

GRAND Saint, en vous rendant hommage,
Puissé-je imiter vos vertus!
Comme vous, partout voir l'image
Et de Marie et de Jésus.

A vos soins Jésus s'abandonne;
Soyez aussi mon conducteur.
Marie est déjà ma Patrone;
Daignez être mon Protecteur.

Si celui que la terre adore,
Trente ans, obéit à vos lois;
Sans doute vous avez encore
Au ciel sur son cœur quelques droits.

Jésus voulut, avec Marie,
Assister à votre trépas;
Faites, en terminant ma vie,
Qu'aussi je meure entre leurs bras.

XXXII. Sur la Confirmation.

AIR: *Afin d'être docile et sage.*

Enfant de Dieu par le baptême,
J'aspire à la perfection
Que le Saint-Esprit, par lui-même,
Donne en la confirmation.

Le chrétien, confirmé, surmonte
La chair, le monde et le démon;
Il sait suivre Jésus sans honte,
Sans crainte confesser son nom.

La grâce nous est conférée,
Lorsque l'Evêque étend la main,
Quand il fait l'onction sacrée,
Et qu'il invoque l'Esprit Saint.

Le Chrême, fait de baume et d'huile,
Marque l'agréable douceur
Qui fait observer l'Evangile,
Et répandre sa bonne odeur.

La Croix, qui sur le front s'imprime,
Montre qu'il n'en faut pas rougir :
Le petit soufflet nous exprime
Qu'il faut, pour Jésus, tout souffrir.

Esprit Saint, venez dans nos âmes,
Eclairez-les de vos rayons;
Brûlez-nous de vos saintes flammes,
Remplissez-nous de tous vos dons.

XXXIII. Invocation au Saint-Esprit.

AIR: *Je l'ai planté.*

Venez, Créateur de nos ames,
Esprit Saint, qui nous animez :

Brûlez de vos célestes flammes
Les cœurs que vous avez formés.

Visitez-nous, Dieu de lumière,
Source de paix et de bonheur;
Don du Très-Haut, feu salutaire,
Charme de l'esprit et du cœur.

Venez, par un rayon propice,
Venez nous dessiller les yeux;
Venez nous dégager du vice,
Et nous embrâser de vos feux.

Ne souffrez pas que la paresse
Nous fasse tomber en langueur;
Et soutenez notre foiblesse
Par une constante ferveur.

Des complots des hommes iniques
Arrêtez les perfides coups ....
Domptez les fureurs tyranniques
De l'enfer armé contre nous :

Faites que, triomphant du monde,
Nous méprisions sa vanité;
Et que, dans une paix profonde,
Nous marchions vers l'éternité.

Faites-nous connoître le Père,
Faites-nous connoître le fils;
Et vous-même, en qui l'on révère
Le saint nœud qui les tient unis.

XXXVI. Le Mystère de la Sainte-Trinité.

O toi qu'un voile épais nous cache,
Indivisible Trinité,
Lumière éternelle et sans tache,
Nous adorons ta majesté.

En Dieu, seul saint, seul adorable,
Oh! que de gloire et de grandeur!

Oh ! quel abyme impénétrable
De richesses et de splendeur !

Confondez-vous, raison humaine ;
Sur cet objet fermez les yeux :
La beauté de Dieu, souveraine,
Ne peut se voir que dans les cieux.

Le Père, admirant sa sagesse,
Engendre un Fils, qui le chérit :
De leur mutuelle tendresse
Procède aussi le Saint-Esprit.

Le Père qui donne la vie,
Nous la conserve à chaque instant :
Le Saint-Esprit nous sanctifie,
Par les feux qu'en nous il répand.

Egal en tout à Dieu son Père,
Dieu le Fils, le Verbe éternel,
Pour soulager notre misère,
A daigné se faire mortel.

Enfans soumis, rendons hommage
A la divine Trinité ;
Son nom saint est pour nous le gage
De l'heureuse immortalité.

XXXV. Le *Salve Regina*.

AIR : *Qu'ils sont aimés.*

Je vous salue, ô très sainte Marie ;
Vous méritez l'amour de tous les cœurs ;
Après Jésus vous seule êtes la vie,
Le sûr asile et l'appui des pécheurs.

Soyez bénie, auguste et sainte Reine,
Dont les attraits embellissent les cieux ;
Mère de graces, aimable souveraine,
Que votre nom se célèbre en tous lieux.

Tristes enfans d'une coupable mère,
Bannis du ciel, les yeux baignés de pleurs,

Nous vous faisons, de ce lieu de misère,
Par nos soupirs, entendre nos douleurs.

Secourez-nous, puissante protectrice:
Sur nos malheurs daignez jeter les yeux;
Et faites voir qu'à nos larmes propice,
Du haut du Ciel vous écoutez nos vœux.

Aimable Reine! ô pieuse Marie!
Du Tout-Puissant le fils vous doit le jour:
Faites qu'après l'exil de cette vie,
Nous le voyions dans l'éternel séjour.

XXXVI. Le Saint Sacrifice de la Messe.

AIR: *Réveillez-vous.*

C'est Dieu qui descend sur la terre,
Non tel qu'il y vint autrefois,
Au bruit terrible du tonnerre,
Au peuple hébreu donner des lois.

Victime digne de son père,
Jésus-Christ est mort sur la Croix:
Par un ineffable mystère,
Il s'offre une seconde fois.

En même-temps, victime et prêtre
D'un sacrifice non sanglant,
Sur nos autels il veut renaître,
Et nous nourrir en s'immolant.

Son cœur généreux nous engage
A prendre part à ce festin:
Son propre sang est un breuvage,
Son corps adorable est un pain.

Mais quelle crainte inexcusable,
Fidèles, quelle aveugle erreur
Vous éloigne de cette table,
Source de vie et de bonheur!

Allons, des Saints suivant les traces,
Nous asseoir au sacré festin ;
Là le cœur est comblé de grâces,
Et s'enflamme d'un feu divin.

XXXVII. Sur la Ste. Communion.

AIR : *Triste raison.*

Comme le cerf, fatigué dans sa fuite,
Cherche les eaux pour se désaltérer;
Ainsi mon cœur se tourmente et s'agite,
Et vers Jésus se plaît à soupirer.

Venez, Seigneur, contentez ma tendresse ;
Dans cet exil puis-je vivre sans vous ?
Soyez, grand Dieu, touché de ma détresse :
N'êtes-vous pas de nos âmes l'époux ?

Trop longue nuit, fais place à la lumière;
C'est trop long-temps retarder mon bonheur :
Déjà l'aurore, éclairant ma paupière,
Vient m'annoncer mon Jésus, mon vainqueur.

Banquet divin, délices de mon âme,
Unique objet de mes ardens desirs,
Ton souvenir me ravit et m'enflamme :
Il sait changer tous mes maux en plaisirs.

Divin Jésus toujours sensible aux larmes,
Pourquoi vous plaire à m'en faire verser ?
De mon amour dissipez les alarmes :
Divin Jésus, venez me consoler.

Sur cet autel, je vois mon bien suprême.
Vers moi, Jésus s'avance avec douceur.
Le possédant, j'aurai tout ce que j'aime :
Jésus et moi nous ne ferons qu'un cœur.

XXXVIII.

Air de la Trompette.

Jésus paroît en vainqueur.
Donnons lui notre cœur :
Chantons notre Rédempteur.
Jésus paroît en vainqueur.
Célébrons notre libérateur.
Malgré nos excès
Et tous nos forfaits,
Avec quels attraits
Il vient nous offrir la paix !
N'oublions jamais
Que par ces bienfaits,
Il veut nous conduire aux biens parfaits.

XXXIX.

Avant la Communion.

AIR : *Dans cette étable.*

Troupe innocente
D'enfans chéris des cieux,
Dieu vous présente
Son festin précieux.
Il veut, ce doux Sauveur,
Entrer dans votre cœur ;
Dans cette heureuse attente,
Soyez pleins de ferveur,
Troupe innocente.

Mon divin maître,
Par quel abaissement
Daignez-vous être
Dans votre sacrement ?
Vous y venez pour moi.
Plein d'une vive foi,
Je viens vous reconnoître
Pour mon Sauveur, mon Roi,
Mon divin maître.

Dieu de puissance,
Je ne suis qu'un pécheur:
Votre présence
Me remplit de frayeur.
Mais, pour voir effacés
Tous mes péchés passés,
Dites, avec clémence,
Un seul mot; c'est assez,
Dieu de puissance.

Mon tendre père,
Acceptez les regrets
D'un cœur sincère,
Honteux de ses excès:
Vous m'en verrez gémir
Jusqu'au dernier soupir:
Avant de vous déplaire
J'aimerois mieux mourir,
Mon tendre père.

Plus je vous aime,
Plus je veux vous aimer,
O bien suprême,
Qui seul peut me charmer!
O Dieu rempli d'attraits!
Quand, avec vos bienfaits,
Vous vous donnez vous-même,
Plus j'admire et me tais,
Plus je vous aime.

Que je desire
De m'unir tout à vous!
Ah! je soupire
Après un bien si doux!
Quand pourra donc mon cœur
Goûter tout le bonheur
D'être sous votre empire!
Hâtez cette faveur
Que je desire.

XL. Sur l'Eucharistie.

Sur cet autel
Ah! que vois-je paroître!
Jésus, mon roi, mon divin maître,
Sur cet autel!
Sainte victime!
Vous expiez mon crime
Sur cet autel.

De tout mon cœur!
Dans ce sacré mystère,
Je vous adore et vous révère
De tout mon cœur,
Bonté suprême!
A jamais je vous aime
De tout mon cœur!

Voici l'Epoux:
Hâtez-vous, Vierge sage,
Préparez-vous pour son passage,
Voici l'Epoux:
Que tout répète,
Dans cette auguste fête:
Voici l'Epoux.

Allons à lui,
Remplis de confiance;
Avec la robe d'innocence,
Allons à lui:
Il nous invite
De venir à sa suite;
Allons à lui.

Divin Sauveur,
Régnez seul dans nos âmes;
Répandez-y vos saintes flammes,
Divin Sauveur:
Que notre zèle
Toujours se renouvelle,
Divin Sauveur!

XLI. Après la Communion.

AIR : *Te bien aimer, ô ma chère Zélie.*

Qu'ils sont aimés, grand Dieu, tes tabernacles!..
Près de toi seul je trouve le bonheur :
Là tu te plais à rendre tes oracles :
La foi triomphe et l'amour est vainqueur.

Heureux, seigneur, celui qui, dans ton temple,
Prie et soupire aux pieds de tes autels!
Un seul moment du cœur qui te contemple
Vaut mieux qu'un siècle aux palais des mortels.

Je nage au sein des plus pures délices;
Dieu vit en moi, seul maître de mon cœur.
Ah! puis-je faire assez de sacrifices
Pour mériter cet excès de bonheur?

Qu'en souverain, Jésus commande, immole,
Qu'il règne en moi par le droit de l'amour.
Je hais le monde et son luxe frivole;
A Jésus seul j'appartiens sans retour.

Comment aimer la terre et ce qui passe,
Lorsque par Dieu mon cœur est visité!
En ta maison, Seigneur, fais-moi la grâce
D'être ici-bas et dans l'éternité.

XLII. Même sujet.

AIR : *On dit qu'à quinze ans.*

Chantons, en ce jour,
Jésus et sa tendresse extrême;
Chantons, en ce jour,
Le plus beau don de son amour.
Il a daigné lui-même
Descendre dans nos cœurs;
De ce bonheur suprême
Célébrons les douceurs. Chantons, etc.

Aimons le Seigneur,
Et cherchons toujours à lui plaire;
Aimons le Seigneur;
Il fera seul notre bonheur.
Il est ami sincère
Et puissant bienfaiteur,
Notre Roi, notre père:
Donnons-lui notre cœur. Aimons, etc.

Pour tous vos bienfaits,
Que vous offrir, ô divin maître!
Pour tous vos bienfaits,
Je me donne à vous pour jamais.
En soi qui ne sent naître
Le zèle des vertus
Quand il sait vous connoître,
Adorable Jésus! Pour tous, etc.

O Dieu tout puissant,
Par votre aimable providence,
O Dieu tout puissant,
Conservez mon cœur innocent.
Dès ma plus tendre enfance,
Vous dirigez mes pas;
Soyez donc ma défense,
Couronnez mes combats. O Dieu, etc.

Mon divin époux,
Mon âme à vous seul s'abandonne;
Mon divin époux,
Mon âme n'a d'espoir qu'en vous.
Que l'enfer gronde et tonne;
Je ris de sa fureur;
Il n'a rien qui m'étonne,
Jésus est dans mon cœur. Mon divin, etc.

XLIII. Le soir de la Communion.

AIR : *O filles de Sion.*

Deux voix seules.

Que notre amour éclate en nos chants d'alégresse!
Tous nos desirs sont satisfaits !
Bénissons le Seigneur, célébrons sa tendresse;
Chantons ses immortels bienfaits !

Deux autres voix.

Chrétiens fortunés que nous sommes,
Un Dieu nous nourrit en ce jour;
Dans le cœur des enfans des hommes,
Il daigne établir son séjour.

Toutes les voix ensemble.

Digne objet de nos saints cantiques,
Jésus, par vos attraits vainqueurs,
Et par vos fêtes angéliques,
D'un feu divin brûlez nos cœurs!

Aux pieds de son autel, mangeant le pain des Anges,
Bénissez-le, fervens chrétiens,
Glorifiez son nom, publiez les louanges
Du Dieu qui vous comble de biens.

Si la mère, à l'enfant qu'elle aime,
Offre son sein avec bonté,
Dieu nous nourrit de sa chair même,
D'où germe l'immortalité.
Digne objet, etc.

Seigneur qu'avec respect le Chérubin contemple,
Que l'Ange adore avec effroi,
Vous faites aujourd'hui de mon cœur votre temple:
Vous vous abaissez jusqu'à moi.

Pourrois-je vous être infidèle?
Ah! j'aime mieux cent fois mourir,
De votre bonté paternelle,
Que de perdre le souvenir.
Digne objet, etc.

XLIV. Sur les Anxiétés de l'ame.

Air : *Sortez de vos retraites.*

Pourquoi troubler nos âmes
Par de vaines terreurs?
Que plutôt de ses flammes
L'amour brûle nos coeurs.
Qui voit bien ses misères,
Aime et ne craint pas tant,
Et du meilleur des pères
Ne fait pas un tyran.

La crainte et les alarmes
Croissent de jour en jour :
Mais Dieu ne veut de larmes
Que celles de l'amour.
Craignez-vous sa colère?
L'amour sait l'adoucir.
Pour calmer ce bon père,
Il ne faut qu'un soupir.

Le trouble, de la grâce
Arrête les effets :
Plus un coeur s'embarrasse,
Moins il fait de progrès.
La vertu, de la vie,
Doit faire le bonheur;
Et, par notre folie,
Elle en fait le malheur.

Un cœur simple et docile
Ne s'alarme de rien.
Plus il se sent fragile,
Plus il se porte au bien;
Si jamais il s'oublie,
Revenant sur ses pas,
Sa faute l'humilie
Et ne le trouble pas.

C'est l'amour de soi-même
Qui produit tous ces maux.

Il veut, dans son système,
N'avoir pas de défauts.
Une faute légère
Le trouble et le flétrit:
C'est une aigreur amère,
Et non un cœur contrit.

Un chrétien humble et sage
Connoît mieux son néant.
S'il pleure, il s'encourage:
Il aime son tourment.
Sa douleur est sincère,
Sans humeur et sans fiel;
Il sait bien que la terre
Ne peut être le ciel.

XLVII. Au sacré Cœur de Jésus.

AIR: *Dans nos hameaux.*

Chrétiens, chantons le coeur de notre maître,
Et bénissons son amour à jamais!
Ce Dieu Sauveur a préféré de naître
Dans une étable et non dans un palais.
Son cœur divin, pour laver notre crime,
A tout bravé, la honte et les tourmens.
Il consentit d'être notre victime:
Mais en échange, il veut des cœurs aimans.

O divin Cœur! devant quitter la terre,
Vous préparez un céleste festin
Pour nous nourrir, ô ravissant mystère!
De votre corps et votre sang divin.
Là votre cœur s'unit au nôtre
Par le plus fort et le plus doux lien.
Puissent les feux, qui dévorent le vôtre,
Me ranimer et consumer le mien!

Que tout mortel à ce cœur adorable
Offre en tout temps ses vœux et son encens !
Non, il n'est point de culte plus louable,
Plus digne enfin de Dieu, de ses enfans.
O divin Cœur ! que les cieux vous honorent !
Régnez après les siècles éternels !
Que tous les saints vous servent, vous adorent !
Comblez nos cœurs de vos dons immortels.

XLVIII. A L'HONNEUR DU SACRÉ CŒUR DE MARIE

AIR : *Avec les jeux*,
Ou : *du Serin*.

HEUREUX qui du cœur de Marie
Connoît et bénit les grandeurs,
Et qui, sans crainte, se confie
En ses maternelles faveurs !
De l'abyme des précipices,
Il sera sauvé par ses mains :
Ses jours, coulés sous ses auspices,
Seront toujours purs et sereins.

Après le cœur du divin maître,
A qui seul est dû tout encens,
Fut-il jamais, et peut-il être
Un cœur plus digne de nos chants ?
En est-il de plus respectable,
De plus auguste, de plus grand,
De plus puissant, de plus aimable,
De plus doux, de plus bienfaisant ?

Déjà sa future excellence
Captivoit, dans l'éternité,
Les yeux, les soins, la complaisance
Du Dieu de toute sainteté ;

Déjà de la coupable race,
Parmi les coeurs, seul démêlé,
L'auteur de la céleste grace
De tous les dons l'avoit comblé.

Les cieux se trouvent sans parure,
Auprès des traits de sa beauté:
Des anges l'innocence pure
N'égale point sa pureté,
Et, de respect baissant leurs ailes,
Les légions des Séraphins,
Au haut des voûtes éternelles,
Lui cèdent en transports divins.

Parois, ô fille bien aimée!
Console, charme l'univers,
Et, plus terrible qu'une armée,
Confonds, écrase les enfers;
Viens au temple où le ciel t'appelle,
Viens présenter à l'Eternel
Ton coeur, l'offrande la plus belle
Qui fut portée à son autel.

A l'ombre de ses tabernacles,
C'est là que le Dieu des élus
Fait, en elle, autant de miracles,
Qu'il y voit croître de vertus.
Là, son coeur pur, humble et docile,
Du ciel correspond aux desseins,
Se forme à devenir l'asyle
Et le séjour du Saint des Saints.

Au moment où la Vierge est mère,
Sans ternir son intégrité,
Son coeur se change en sanctuaire
De l'adorable Trinité;
C'est dans son coeur que prend sa source
Le sang salutaire et divin,
Qui doit seul être la ressource
Et la rançon du genre humain.

Oh ! de quels charmes fut suivie,
De quels sacrés transports d'ardeur,
L'union du cœur de Marie
Avec celui d'un fils Sauveur !
Oh ! quelle intime ressemblance
De sentimens d'humilité,
De dénûment, d'obéissance,
De douceur et de charité !

Calmer la céleste vengeance,
Nous sauver, ces deux grands objets,
De leur commune intelligence
Occupent les vastes projets.
Le même amour, le même zèle,
La même activité de feux,
La même flamme mutuelle
Les brûle et dévore tous deux.

Quand Jésus, né dans l'indigence,
Baigne pour nous ses yeux de pleurs;
Marie, avide de souffrance,
Aime à s'unir à ses douleurs.
Quand, chargé de nos injustices,
Il veut, de son sang innocent,
Pour nous, répandre les prémices,
Le cœur de Marie y consent.

Si pour nous, l'Enfant magnanime
Au temple se voue à souffrir,
La Mère, comme lui, victime,
Fait ses délices de l'offrir.
Si le Pontife lui découvre
Du ciel les ordres rigoureux,
Son âme, d'elle-même, s'ouvre
Au glaive le plus douloureux.

O Vierge ! de quelle tristesse
Votre cœur fut enveloppé,
Quand l'objet de votre tendresse
A vos regards fut échappé !
Mais quelle fut votre alégresse,
Quand vous retrouvâtes Jésus

Aux docteurs dictant la sagesse
Qui fait les saints et les élus!

Quelle force aida son courage,
Lorsqu'elle osa suivre les pas
De ce fils, qu'une aveugle rage
Traînoît au plus honteux trépas!
Auprès de cette croix sanglante
Où mouroit un Dieu rédempteur,
Qui retint son âme expirante?
Ce fut l'amour, ce fut son cœur.

Vous, que son agonie attire,
Pour partager ses sentimens,
Voyez si le plus dur martyre
Peut rassembler tant de tourmens.
Ah! voyez ce cœur intrépide
Par la même main déchiré,
Qui retire un fer déicide
Du cœur de son fils expiré.

Rassurez-vous, séchez vos larmes,
Tristes témoins de sa douleur.
Son cœur voit finir ses alarmes;
De l'Enfer Jésus est vainqueur:
Jésus, seul maître de la vie,
Jésus, impassible, immortel,
Dompte la mort, se vivifie
Et monte à l'Empire éternel.

Bientôt de plus vives délices
Inonderont ce cœur sacré,
Que les vertus et les supplices
Ont également épuré.
C'en est fait: au monde enlevée
Par un effort de son amour,
L'humble Marie est élevée
Au haut du céleste séjour.

Hâtez-vous d'offrir à son trône,
Saints anges, vos tributs d'honneur:
Chantez, du Dieu qui la couronne,
Les dons, la gloire et la grandeur:

Contemplez, révérez, en elle,
Louez toujours, aimez sans fin
Ce cœur formé sur le modèle
Du cœur de votre souverain.

Et nous, fils d'un père coupable,
Par le ciel condamnés aux pleurs,
Cherchons, dans ce cœur secourable,
Un abri contre nos malheurs.
Jamais il n'est inaccessible
A nos besoins, à nos desirs ;
Il est toujours doux et sensible
A nos vœux, comme à nos soupirs.

Pécheurs, à cet aimable asyle
Ne craignez point de recourir ;
L'entrée en est sure et facile
A la douleur du repentir.
Vous trouverez, dans sa puissance,
Mais surtout dans son tendre cœur,
La plus infaillible assurance
De fléchir le cœur du Seigneur.

O cœur de la plus tendre mère,
Cœur plein de grâce et de bonté,
Vous sur qui, dans notre misère,
Notre espoir a toujours compté,
Soyez, soyez notre refuge
Et notre appui dans tous les temps,
Surtout auprès de notre juge
Dans le dernier de nos instans.

XLIX. Elévation a Dieu, à la vue des Créatures.

AIR: *Mon honneur dit.*

Du roi des Cieux tout célèbre la gloire,
Tout, à mes yeux, peint un Dieu créateur :

De ses bienfaits perdrois-je la mémoire?
Tout l'univers m'annonce son auteur.
L'astre du jour m'offre, par sa lumière,
Un foible trait de sa vive clarté:
Au bruit des flots, à l'éclat du tonnerre,
Je vois de Dieu l'ordre et la majesté.

Aimables fleurs, qui parez ce rivage,
Et que l'aurore arrose de ses pleurs,
De la vertu vous me tracez l'image,
Par l'éclat pur de vos vives couleurs.
Si vous séchez, où l'on vous voit éclore,
Et ne brillez, souvent qu'un jour ou deux,
Votre parfum après vous dure encore:
De la vertu symbole précieux!

Charmant ruisseau, qu'on voit, dans la prairie,
En serpentant, précipiter ton cours,
Tel est, hélas! celui de notre vie:
Comme tes eaux, s'écoulent nos beaux jours.
Tu vas, toujours t'éloignant de ta source,
Au sein des mers, d'où jamais rien ne sort;
Du genre humain tu nous dépeins la course:
Car chaque pas nous conduit à la mort.

Petit mouton, qui pais dans cette plaine,
Que tu me plais par ta docilité!
Au moindre mot du berger qui te mène,
On te voit suivre avec fidélité.
Si, des pasteurs, choisis pour nous conduire,
Nous écoutions, comme toi, la leçon,
Des loups cruels voudroient en vain nous nuire,
Tu suis l'instinct, mieux que nous la raison.

Cher papillon, qui, d'une aile légère,
De fleur en fleur voles sans t'arrêter,
De nos désirs tel est le caractère:
Aucun objet ne peut nous contenter.
Nous courons tous de chimère en chimère,
Croyant toujours toucher au vrai bonheur,
Mais, ici-bas, c'est en vain qu'on l'espère,
Et Dieu peut seul remplir tout notre cœur.

L. Pour les fêtes de la Sainte Vierge.

AIR : *Mon bien-aimé ne paroît pas encore.*

Un nouvel astre a paru sur la terre;
Rien, dans les cieux, n'égale sa beauté:
Quelle lumière!
Quelle clarté!
Et l'oeil du Dieu de toute sainteté
Ne peut y voir l'ombre la plus légère.

Dans l'innocence heureusement conçue,
Marie échappe au règne du serpent.
Vierge! à ta vue
Il est rampant:
S'il corrompt tout du venin qu'il répand,
Il voit par toi sa fureur confondue.

Reine des cieux, ô Marie? ô ma mère!
Montre, à tes dons, que je suis ton enfant.
Par toi, j'espère,
Apres ma mort,
Voir tout le Ciel, qui dans un même accord
Te glorifie, et tremblant te révère.

Au haut des cieux le Seigneur te destine,
De tes vertus pour montrer la splendeur:
C.est l'origine
De la grandeur:
L'humble pudeur, la bonté, la ferveur
Ont mis le comble à ta beauté divine.

LI. Les Fleurs.

AIR: *Réveillez-vous, belle endormie.*

Du lis imitez l'innocence,
Ainsi vous plairez à Jésus:

Tremblez même au seul nom d'offense;
Un cœur aimant ne pêche plus.

Comme la douce violette,
Ne croissez qu'en vous abaissant,
Et sachez qu'une âme parfaite
Se plaît toujours en son néant.

De l'éclatante tubéreuse
Ayez les charmes et l'odeur:
Une âme tendre et généreuse
Embaume tout par sa ferveur.

La marguerite sans finesse
Charme par sa simplicité:
Pour vous, mettez votre sagesse
Dans une humble ingénuité.

Du jasmin la douceur extrême
Est un modèle fait pour vous.
Dans tous les temps soyez le même,
Soyez toujours égal et doux.

Le chèvrefeuille qui serpente
Sur la tige qui le retient,
Nous instruit que l'âme fervente
Voit toujours Dieu qui la soutient.

Par sa beauté dans la nature,
La rose est la reine des fleurs,
Mais elle apprend par sa piqûre
A faire la guerre aux pécheurs.

LII. Le Chrétien a la Campagne.

Heureux séjour! tranquille solitude!
Où, loin du monde, à moi-même rendu,
Seul avec Dieu, libre d'inquiétude,
Je goûte en paix les fruits de la vertu.

Je ne vois pas de brillantes chimères;
Mais je découvre, en tout temps, en tout lieu,
L'œil bienfaisant du plus tendre des pères:
A chaque pas je rencontre mon Dieu.

Petits oiseaux, dans vos charmans ramages,
De tous les biens vous bénissez l'auteur:
Et vous, zéphir, sous ces épais feuillages,
Vous gazouillez le nom du Créateur.

De ce ruisseau, qui coule dans la plaine,
Le cours m'apprend quel est mon dernier sort:
Au sein des mers, si la pente l'entraîne,
Le temps aussi m'entraîne vers la mort.

Ce fier torrent, qui descend des montagnes,
Des passions est le triste tableau:
Car s'il détruit nos fertiles campagnes,
Le vice aussi du bien est le fléau.

Riantes fleurs, qu'un beau jour fait éclore,
Dans votre sort, l'homme trouve le sien;
Ainsi que vous, nous brillons une aurore:
Grand le matin, le soir on n'est plus rien.

Chères brebis si souples, si dociles,
Et vous, bergers si vigilans, si doux;
Vous instruisez, par des leçons utiles,
D'autres brebis, d'autres pasteurs que vous.

Mon cœur, rempli d'une volupté pure,
S'instruit ainsi dans ce paisible lieu:
Et les beautés de la simple nature
Me font connoître, aimer et louer Dieu.

LIII. A l'Honneur de la Sainte Vierge.

Chantons, chantons de Marie
Les ineffables grandeurs;

Le Tout-Puissant l'a choisie
Pour nous combler de faveurs.
Qu'un saint zèle nous anime ;
A sa dignité sublime
Rendons d'immortels honneurs. Chantons, etc.

Que sa gloire est éclatante,
Dans le plus haut rang des cieux !
Que sa couronne est brillante !
Que son nom est glorieux !
Des anges elle est la reine,
Des hommes la souveraine ;
Qu'on la révère en tous lieux. Que sa, etc.

Vierge, de votre innocence
Que j'imite la candeur,
Et de votre obéissance
L'humble et fidèle ferveur !
Canal de toutes les graces,
C'est en marchant sur vos traces,
Que nous plaisons au Seigneur. Vierge.

Dans nos maux et nos alarmes,
Repoussez le tentateur :
Contre le monde et ses charmes,
Prémunissez notre cœur.
Ah ! montrez-vous, notre mère,
Et que Dieu nous traite en père
Dans le dernier de nos jours. Dans, etc.

LIV. Consécration a la Sainte Vierge.

AIR : *Je m'engage.*

Je veux célébrer, par mes louanges,
La gloire de la reine des Cieux,
Et, m'unissant aux concerts des anges,
Je m'engage à la chanter comme eux. (*bis.*)

Sur vos pas, glorieuse Marie,
Plus heureux qu'à la suite des rois,
Dès ce jour, et pour toute ma vie,
Je m'engage à vivre sous vos lois. (*bis.*)

Un chrétien, qui chérit Dieu son père,
Craint et fuit un monde corrupteur,
Et se plaît à servir une mère
Qui s'engage à faire son bonheur. (*bis.*)

Unissez vos voix, peuple fidèle,
Aux accords des esprits bienheureux,
Pour chanter notre reine immortelle,
Qui s'engage à combler tous nos vœux. (*bis.*)

LV. A LA SAINTE VIERGE.

AIR : *Vous brillez seule.*

VIERGE sans tache et toujours sainte,
Reine du Ciel, mère de mon Sauveur,
Marie, oserai-je, sans crainte,
Vous offrir, vous offrir mes vœux et mon cœur?

Je vous choisis pour ma patrone,
Près de Jésus votre fils et mon roi.
Mes biens, ma vie et ma personne
Sont à lui, sont à vous, beaucoup plus qu'à moi.

Pour moi, pour les miens, je m'engage
A ne jamais dire, faire, ou souffrir
Rien de contraire à cet hommage
Que mon cœur, que mon cœur vient de vous offrir.

Protégez-moi, Vierge Marie :
Daignez, daignez prendre soin de mon sort
Pendant chaque jour de ma vie,
Mais surtout, mais surtout au temps de la mort !

LVI. Invocation a la Sainte Vierge.

Je mets ma confiance,
Vierge, en votre secours;
Servez-moi de défense,
Prenez soin de mes jours;
Et quand ma dernière heure
Viendra fixer mon sort,
Obtenez que je meure
De la plus sainte mort.

LVII. A Saint Roch.

Air : *Réveillez-vous.*

Heureux celui qui, dès l'enfance,
Comme saint Roch, sert le Seigneur;
Marche toujours en sa présence,
Et méprise un monde trompeur.

Saint Roch préfère à l'opulence
Les voiles de l'humilité.
Il voyage dans l'indigence,
Ne respirant que charité.

Je le vois voler aux hospices,
Secourir les pestiférés :
Les peuples, par ses vœux propices,
De la peste sont délivrés.

Par ce fléau le ciel l'épure :
Il bénit Dieu. D'une prison
Il supporte, inconnu, l'injure
Des siens même, et dans sa maison.

Obtenez-nous, par vos suffrages,
O puissant ami du Seigneur!
La paix du cœur dans les outrages,
Et dans le calme la ferveur.

LVIII. Les Anges gardiens.

AIR : *De Joconde.*

Quelle est d'une âme la grandeur!
Qu'heureux est son partage!
C'est le chef-d'œuvre du Seigneur,
C'est de Dieu l'héritage.
Pour gage de son tendre amour,
Sa bonté paternelle
Veut qu'un des princes de sa cour
Soit son gardien fidèle.

Enveloppé, de toutes parts,
Des plus épais nuages,
Le monde n'offre à nos regards
Que périls et naufrages:
Malgré les flots, malgré la mort,
Un pilote si sage
Nous conduira toujours au port,
A l'abri de l'orage.

Si le démon, autour de nous,
Rôde pour nous surprendre;
Nos bons anges, contre ses coups,
Volent pour nous défendre:
Le traître, par ses faux appâts,
Tente notre foiblesse:
Mais l'ange brise, sous nos pas,
Les piéges qu'il nous dresse.

Le péché trouble la raison,
  Et rend le cœur coupable.
Il lui fait boire le poison,
  Comme un vin agréable :
L'ange, ennemi de ce flatteur,
  Nous découvre sa trame.
Fuyez, dit-il, cet imposteur :
  Il veut perdre votre âme.

Mille autres ennemis cruels
  Nous déclarent la guerre :
Dans des combats continuels,
  Nous vivons sur la terre.
Notre invincible défenseur
  Se rit de leur poursuite ;
Armé pour nous, son bras vainqueur
  Les met toujours en fuite.

C'est lui qui fait luire à nos yeux
  Les plus vives lumières ;
Il fait monter jusques aux Cieux
  L'encens de nos prières.
Pécheur, invoque, en ton malheur,
  Cet ange tutélaire.
Il implore, et le Dieu vengeur
  Devient pour nous un père.

Je me repose sur vos soins,
  Cher gardien de mon âme ;
Dans tous mes plus pressans besoins,
  De vous je me réclame :
Daignez adoucir tous mes maux
  Jusqu'à l'heure dernière ;
Et qu'enfin l'éternel repos
  Succède à ma carrière.

LIX. A Saint Denis.

BRULANS de zèle, Eleuthère et Rustique,
Chez les Gaulois secondez saint Denis.
Dieu veut enfin bannir l'erreur antique,
Et que la foi domine dans Paris.

Saint Denis parle : à sa voix, l'infidèle
Rougit déjà du culte des faux dieux ;
Et, mieux instruit, adopte pour modèle
Et pour son chef le Fils du roi des Cieux.

Qui nous dira les travaux, les supplices,
Que saint Denis sut braver pour la foi ?
Avec les siens, il trouvoit ses délices
A cimenter de son sang notre foi.

Puissans martyrs, nos apôtres, nos pères,
Près du Seigneur intercédez pour nous.
Que, pour l'Eglise et pour les saints mystères,
Tous vos enfans soient zélés comme vous !

LX. La Fête de tous les Saints.

QUELS accords ! quels concerts augustes !
Quelle pompe éblouit mes yeux !
Fais silence à l'aspect des justes,
Terre, écoute le chant des Cieux.

O douce, ô céleste harmonie !
Les saints, dans des transports d'amour,
Chantent la grandeur infinie
Du Dieu dont ils forment la cour.

Quel spectacle ! Dieu, sans nuage,
Se montre aux yeux des bienheureux.
Ils contemplent de son visage
Les traits sereins et lumineux.

Le Seigneur transporte leur âme
Par les plus doux ravissemens.

La sainte ardeur qui les enflamme
Les nourrit de feux renaissans.

Je vois reposer sous ses ailes
Ces saints, dont l'éloquente voix
Confondit les esprits rebelles,
Et donna des leçons aux rois.

De la nouvelle Babylone
Les martyrs, ces brillans vainqueurs,
Sont assis au pied de son trône,
Le front ceint d'immortelles fleurs.

Les vierges, ces tendres victimes
De leur chaste amour pour l'époux,
Demandent grâce pour nos crimes,
Et nous dérobent à ses coups.

Que nos voix ici-bas s'unissent
A leurs concerts mélodieux:
Servons le maître qu'ils bénissent,
En suivant leurs pas glorieux.

LXI. Imitation du *de Profundis.*

AIR: *Dans ma cabane obscure;*
ou: *Sortez.*

Du fond de ma misère,
Je t'implore, Seigneur;
Ecoute ma prière
Et les cris de mon cœur.
Daigne prêter l'oreille
Au récit de mes maux;
Que ta pitié s'éveille
Au bruit de mes sanglots.

Ah! si ton œil sévère
Compte tous mes forfaits,
De ta juste colère
Puis-je éviter les traits?

Moi qui fus si fragile,
Si rebelle à ta loi,
Où sera mon asyle ?...
A tes pieds, divin Roi.

Jésus, de ta clémence
Je vois naître le jour.
Venez, douce espérance,
Soutenez mon amour;
Dissipez mes alarmes,
Essuyez tous mes pleurs.
La vertu de vos charmes
Calmera mes douleurs.

Que craignez-vous, mon âme ?
Espérez au Seigneur ;
Sa tendresse réclame
Contre son bras vengeur.
Croyez à sa parole :
Ne frappant qu'à regret,
S'il punit, il console,
Et tient ce qu'il promet.

Lors même que sa foudre
Fait trembler l'univers,
Il a, pour nous absoudre,
Les bras toujours ouverts;
Et, roi, par sa puissance,
De la terre et du ciel,
Il est, par sa clémence,
Le Sauveur d'Israël.

LXII. Avant le Sermon ou le Catéchisme.

AIR : *Je le tiens ce nid.*

Des pécheurs les livres frivoles
Me sont odieux à jamais.

Mon cœur, dans vos saintes paroles,
O mon Dieu, trouve mille attraits.
Votre loi règle ma conduite,
Votre parole est mon trésor;
Le long du jour je la médite,
La nuit je la repasse encor. (*bis*).

Du ciel révélez les oracles,
Ministres sacrés du Seigneur;
Que ses bienfaits, que ses miracles,
Frappent mon esprit et mon cœur.
Ah! que je grave en ma mémoire,
Jésus, vos exemples touchans!
Qu'on en reconnoisse l'histoire
Dans les vertus de vos enfans. (*bis*).

LXIII. Exhortation a la Jeunesse.

AIR: *Ne m'entendez-vous pas.*

A chercher le Seigneur
Que votre cœur s'empresse.
Montrez, chère jeunesse,
Montrez votre ferveur
A chercher le Seigneur.

Lui seul doit vous charmer;
Il est le bien suprême;
Il vous aime lui-même:
Comment ne pas l'aimer?
Lui seul doit vous charmer.

D'un jeune et tendre cœur,
Oh! qu'il aime l'offrande!
A tous il la demande;
Lui seul fait le bonheur
D'un jeune et tendre cœur.

Pour le bien ou le mal,
L'on est, dans la vieillesse,
Tel que dans la jeunesse;
L'on suit un train égal
Pour le bien ou le mal.

En tous lieux, en tout temps,
Honorez père et mère;
Craignez de leur déplaire:
Soyez obéissans,
En tous lieux, en tout temps.

Fuyez les vains plaisirs,
Que le monde présente:
Qu'une vie innocente
Fixe tous vos desirs:
Fuyez les vains plaisirs.

Aimez la pureté,
Elle est inestimable;
Rien n'est plus agréable
Au Dieu de sainteté:
Aimez la pureté.

Pour bien régler vos moeurs
Méditez la loi sainte,
Et qu'elle soit empreinte
Dans le fond de vos cœurs,
Pour bien régler vos mœurs.

LXIV. Retour a Dieu.

AIR : *Nous aimons les plaisirs champêtres.*

En secret le Seigneur m'appelle,
Et me dit : Donne-moi ton cœur.
O mon Dieu! vous voilà vainqueur;
Je vous serai toujours fidèle.
O mon Dieu ! vous voilà vainqueur:
Le monde n'est qu'un perfide, un trompeur.

Tout finit, tout nous abandonne,
Les plaisirs ainsi que les jeux.
Vous, Seigneur, n'êtes pas comme eux;
Prenez mon cœur, je vous le donne.
Vous, Seigneur, n'êtes pas comme eux;
En vous servant, on est toujours heureux.

Que, sans Dieu, l'homme est misérable !
Rien, sans lui, ne nous paroît doux;
Mais sitôt qu'il est avec nous,
La peine même est agréable;
Mais sitôt qu'il est avec nous,
De l'ennemi l'on ne craint point les coups.

Malheureux qui veut plaire aux hommes!
On n'a pas toujours leur faveur;
Mais pour être ami du Sauveur,
Quand nous le voulons, nous le sommes;
Mais pour être ami du Sauveur,
En un moment, on obtient ce bonheur.

Ancienne, mais toujours nouvelle,
Ancienne et nouvelle beauté,
Je vous ai long-temps résisté;
J'étois un ingrat, un rebelle;
Je vous ai long-temps résisté:
Enfin, mon Dieu, vous l'avez emporté.

LXV. Les Avantages de la Ferveur.

AIR : *L'aurore vient de naître.*

Goutez, âmes ferventes,
Goûtez votre bonheur;
Mais demeurez constantes
Dans votre sainte ardeur.

Heureux le cœur fidèle
Où règne la ferveur!
On possède avec elle
Tous les dons du Seigneur.

Elle est le vrai partage
Et le sceau des élus;
Elle est l'appui, le gage
Et l'âme des vertus. Heureux, etc.

Par elle la foi vive
S'allume dans les cœurs,

Et sa lumière active
Guide et règle nos mœurs. Heureux, etc.

Par elle l'espérance
Ranime ses soupirs,
Et croit jouir d'avance
Des célestes plaisirs. Heureux, etc.

C'est sa vertu puissante
Qui garantit nos sens
De l'amorce attrayante
Des plaisirs séduisans. Heureux, etc.

Sous ses heureux auspices,
Le cœur goûte, à longs traits,
La grâce et les délices
D'une céleste paix. Heureux, etc.

Mais, sans sa vive flamme
La piété languit;
Et bientôt dans notre âme
Le péché s'introduit. Heureux, etc.

LXVI. Sur l'Obéissance.

AIR : *La pénitence.*

L'OBÉISSANCE
Est une loi de l'Eternel.
De lui seul vient toute puissance;
Il commande à chaque mortel
L'obéissance.

L'obéissance
Révolta nos premiers parens;
Ils voulurent l'indépendance :
Qu'ont-ils gagné pour leurs enfans?
L'obéissance.

L'obéissance
Est la vertu de tous les temps.

Que demande-t-on à l'enfance,
Aux vieillards, comme aux jeunes gens?
L'obéissance.

L'obéissance
Conduit même les animaux :
L'abeille aime la dépendance,
Observant, en tous ses travaux,
L'obéissance.

L'obéissance
Met l'amour-propre à la raison,
Guérit l'humeur et l'indolence.
Que faut-il pour devenir bon?
L'obéissance.

LVII. ACTES DU CHRÉTIEN.

AIR : *Joseph et Marie.*

JE vous adore avec les anges,
Et vous consacre mon amour;
Seigneur, je veux, par vos louanges,
Commencer et finir le jour.

Je crois tout ce que croit l'Eglise;
Je le professe et le crois mieux,
Quoique l'orgueil y contredise,
Que ce que je vois de mes yeux.

Mon Dieu, j'ai la ferme espérance
Qu'usant saintement du secours
De votre grâce, en récompense
Au ciel je régnerai toujours.

Je vous aime, beauté suprême,
Et je veux vous aimer sans fin :
De tout mon cœur, comme moi-même,
Pour vous, j'aime aussi mon prochain.

Voyez, ô bonté souveraine,
La douleur dont je suis touché;
C'est plus votre amour que la peine
Qui me fait haïr mon péché.

De mon cœur je vous fais l'offrande;
De ce don vous êtes jaloux.
Le monde en vain me le demande:
Il est, ô mon Dieu, tout à vous.

Mère de Dieu, Vierge puissante,
Adoptez-moi pour votre enfant;
Et qu'à ce titre je ressente
Votre secours toujours présent.

Ange, par qui la Providence
Me dispense tous ses trésors,
Soyez mon gardien, ma défense,
Et sauvez mon âme et mon corps.

Et vous, qui régnez dans lagloire,
Grand Saint, dont je porte le nom,
Daignez m'obtenir la victoire
Sur moi-même et sur le démon.

LXVIII. Amour de la Solitude.

AIR : *Reviens, pécheur.*

Sombres forêts, aimable solitude,
Lieux ennemis de l'éclat et du bruit,
On est chez vous libre d'inquiétude
Et des soucis que le monde produit.

Dans vos déserts, une douce influence
Fait respirer un air pur et serein;
C'est le séjour de l'aimable innocence,
C'est l'avant-goût du bonheur souverain.

Charmant désert! délicieux silence!
Mon cœur se plaît à goûter vos appas,
Je vis heureux, je vis dans l'innocence:
De quels périls ne m'éloignez-vous pas!

Tantôt errant de prairie en prairie,
Si je m'arrête aux bords d'un clair ruisseau,
Hélas! me dis-je, ainsi coule ma vie,
Et chaque jour me conduit au tombeau.

Lorsqu'à mes yeux un arbre se présente,
Et s'il fléchit sous le poids de son fruit,
Je le regarde, et d'une voix tremblante,
Je dis à Dieu que je n'ai rien produit.

Dès que la nuit étend ses sombres voiles,
Je me rappelle et la mort et son deuil,
Et je crois voir, dans les feux des étoiles,
Ceux des flambeaux qui cernent un cercueil.

LXXI. BONHEUR DE LA VIE DE RETRAITE.

AIR : *Avec les jeux.....*

LIEUX saints, où l'aimable innocence,
Sous les lois de l'amour divin,
Dans le repos et le silence,
Se prépare un bonheur sans fin;
Quels dignes concerts de louanges
Vous consacrez à l'Éternel!
Ce sont les voix, les chœurs des anges,
Et sur la terre on voit le ciel.

En est-il de plus belle image?
Mille cœurs ne font qu'un seul cœur.
Mes peines, chacun les partage :
On est heureux de mon bonheur.
Sans intérêt, sans jalousie,
Sans aigreur, sans haine et sans fiel,
Voilà notre âme et notre vie :
Nous aimons comme on aime au ciel.

Cessez de me vanter les charmes
D'une trompeuse liberté,
Mondains, je vois couler vos larmes,
Au sein même de la gaîté.
Quel est l'ennui qui vous dévore?
D'où vous vient ce chagrin mortel?
Vous êtes sur la terre encore,
Et je suis déjà dans le ciel.

Vous allez d'erreur en folie:
Ma foi ne m'égare jamais.
Le vice trouble votre vie:
La vertu me donne la paix.
Si je n'ai pas votre abondance;
Je n'ai pas de souci cruel.
Gardez, gardez votre opulence,
Laissez-moi les trésors du ciel.

Voyez cette troupe immortelle,
Dont ces lieux sains sont le berceau;
C'est une nation fidele,
Que l'amour tient près de l'Agneau.
Un cœur pur, une âme angélique
Dans un corps terrestre et charnel!...
C'est le triomphe évangélique;
Et la terre est égale au ciel.

Vous plaignez ces tendres victimes;
Ah! plutôt enviez leur sort.
Sans desirs, sans vice et sans crimes,
Leurs jours s'écoulent sans remord;
Et quand Dieu menace la terre,
Pleurant aux pieds de l'Eternel,
Elles écartent le tonnerre;
Et leurs cris appaisent le ciel.

LXXII. Sur la Retraite.

AIR: *Dans le doux.....*

Heureux les Chrétiens,
Qui, dans la retraite,
Des célestes biens
Cherchent la conquête,
Après avoir mérité
Les feux de l'éternité!
Accourez, pécheurs;
Venez aux retraites

Laver, dans vos pleurs,
Vos taches secrètes;
Venez tous, dans ce saint lieu,
Apprendre à vivre pour Dieu.

Vos besoins, vos maux,
Vous disent sans cesse
Que, dans le repos,
Se plaît la sagesse;
Que le vrai contentement
Est dans le recueillement.

Précieux séjour!
Aimable retraite!
Ici, chaque jour,
Sans être distraite,
Mon âme, dans son Sauveur,
Trouvera tout son bonheur.

Que de ses trésors
L'avare soit ivre;
Qu'à tous ses transports
Le mondain se livre:
Retiré dans ce saint lieu,
Je les plains, et bénis Dieu.

De mon créateur
J'y vois la puissance,
De mon rédempteur
L'insigne clémence,
Et de mon juge irrité
La sévère autorité.

Pour bien profiter
Des saints exercices,
Il faut détester
Le monde et ses vices:
Et sonder, avec rigueur,
Tous les replis de son cœur.

Aimez avec foi,
Priez en silence,

Méditez la loi:
Voilà la science,
Pour cueillir, en ce saint temps,
Les fruits les plus abondans.

LXXIII. LE FAUX BONHEUR DU MONDE.

AIR : *L'amour est un...*

JAMAIS l'on ne peut être heureux,
Ni content dans le monde.
Ce qu'on y voit est dangereux,
Et passe comme l'onde.
Ce n'est qu'erreur et vanité,
Que mensonge et fragilité;
Malheureux qui s'y fonde! *bis.*

C'est un fantôme de grandeur,
Dont l'image est riante;
Un simulacre de bonheur,
Hélas! que trop l'on vante:
Ses vains plaisirs sont un poison,
Ses honneurs une illusion;
Ils n'ont rien qui contente. *bis.*

Que sont tous les biens d'ici-bas?
Ces biens sont périssables:
On en doit faire peu de cas;
Ils sont vains, méprisables:
Au lieu de faire des heureux,
Ils ne font que des malheureux,
Trop souvent des coupables. *bis.*

A Dieu seul je donne mon cœur;
Il est la bonté même:
Il est mon souverain Seigneur,
Ma fin, mon bien suprême.
C'est lui seul qui peut me charmer;
C'est lui seul que je dois aimer.
O mon Dieu, je vous aime! *bis.*

Plus je l'aime, et plus ses attraits
A moi se font connoître,
Et plus je sens des biens parfaits
Le sentiment renaître.
Lorsque je l'aime avec ardeur,
Je goûte la paix, le bonheur :
A lui seul je veux être. *bis.*

Il est mon guide et mon appui,
Il soutient ma foibesse.
Je mets mon espérance en lui,
Je connois sa tendresse :
Une couronne au ciel m'attend,
Et si je le sers constamment,
Il tiendra sa promesse. *bis.*

LXXIV. Le Jugement général.

AIR : *Partez, puisque Mars...*

Dieu va déployer sa puissance :
Le temps comme un songe s'enfuit :
Les siècles sont passés : l'éternité commence :
Le monde va rentrer dans l'horreur de la nuit.
Dieu, etc.

J'entends la trompette effrayante :
Quel bruit ! quels lugubres éclairs !
Le Seigneur fait tomber la foudre étincelante,
Et ses feux dévorans embrasent l'univers.
J'entends, etc.

Les monts foudroyés se renversent,
Les êtres sont tous confondus :
La mer ouvre son sein, les ondes se dispersent,
Tout est dans le chaos, et la terre n'est plus.
Les monts, etc.

Sortez des tombeaux, ô poussière,
Dépouille des pâles humains !

Le souverain Seigneur vous rend à la lumière,
Il va vous juger tous, et fixer vos destins.
Sortez, etc.

Il vient, tout est dans le silence,
Sa croix porte au loin la terreur :
Le pécheur consterné frémit à sa présence,
Et le juste lui-même est saisi de frayeur.
Il vient, etc.

Assis sur un trône de gloire,
Il dit: Venez, heureux élus!
Comme moi, vous avez remporté la victoire,
Recevez, de mes mains, le prix de vos vertus.
Assis, etc.

Tombez dans le sein des abymes,
Tombez, pécheurs audacieux:
De mon juste courroux vous serez les victimes,
Vils suppôts des démons, vous brûlerez comme [eux.
Tombez, etc.

Triste éternité de supplices,
Tu vas donc commencer ton cours!
De l'heureuse Sion ineffables délices,
Bonheur, gloire des Saints, vous durerez toujours.
Triste éternité, etc.

Grand Dieu! serons-nous la victime
De ton implacable fureur?
Quel noir pressentiment nous trouble et nous [opprime!
La crainte et le remords nous déchirent le cœur.
Grand Dieu! etc.

De tes arrêts, Juge sévère,
Pourrai-je subir les rigueurs?
J'ai péché; mais, Seigneur, désarme ta colère,
Car je veux effacer mon crime par mes pleurs.
De tes arrêts, etc.

LXXV. Consécration a la Sainte Vierge.

Air : *Mon honneur dit...*

Mère de Dieu, du monde souveraine,
Vous qui voyez à vos pieds tous les rois,
Je vous choisis aujourd'hui pour ma reine,
Et me soumets, pour toujours, à vos lois.
Je mets ma gloire à vous marquer mon zèle,
A vous aimer, à vous faire servir.
Ah! si mon cœur devoit être infidèle,
J'aimerois mieux, dès à présent, mourir. *bis*

O Vierge sainte, et de grâce remplie,
Je veux par-tout publier vos grandeurs,
Et m'employer, le reste de ma vie,
A vous gagner, s'il se peut, tous les cœurs.
Oui, vous serez du mien la seule reine,
Et votre fils seul en sera le roi :
Lui souverain, vous aussi souveraine,
Tous deux ensemble y donnerez la loi.

Que contre moi l'enfer entier conspire,
Je ne crains rien de sa vaine fureur :
Celui qui vit sous votre aimable empire
Peut-il périr, peut-il mourir pécheur?
Non, non, jamais serviteur de Marie
Ne périra, ne sera malheureux :
En l'imitant on a trouvé la vie,
Avec l'espoir de régner dans les cieux.

STROPHES.

Pour la fête de Noël.

Rassurez-vous, cœurs timorés.
Soyez transportés d'allégresse ;
Et vers Bethléem accourez,
Où Dieu signale sa tendresse.
Le souverain dominateur,
Qui créa le ciel er la terre.
Voilant sa gloire et sa grandeur,
Naît du sein d'une vierge mère.

Venez donc, venez avec moi :
Prosternous nous tous dans l'étable,
Où des Anges le divin Roi,
A l'homme est devenu semblable.

Aussitôt, quittant leurs troupeaux,
Les bergers, à la voix des Anges,
Vont au plus humble des berceaux,
Adorer Jésus dans les langes.
Animés de la même ardeur,
De ces bergers suivons les traces :
Du trône de notre Sauveur
Descendront sur nous mille grâces.
Venez donc, venez avec moi....

Lorsque l'œil le contemplera
Revêtu d'une chair mortelle,
En lui la foi découvrira
Du Père la gloire éternelle.
Nous verrons cet aimable enfant
Pour nous couché dans une crêche.
En cet état pauvre et souffrant,
Combien de vertus il nous prêche !...

Venez donc, venez avec moi....

STROPHES

Pour le temps de Noël; jusqu'à la Chandeleur.

Adeste, fideles,
Læti, triumphantes;
Venite, venite in Bethléem :
Natum videte
Regem Angelorum.
Venite, adoremus (*ter*) Dominum.

Natum videte
Regem Angelorum.
Venite, adoremus (*ter*) Dominum.

En, grege relicto,
Humiles ad cunas
Vocati, pastores approperant;
Et nos, ovanti
Gradu festinemus.
Venite, adoremus (*ter*) Dominum.

Natum videte, etc.

Æterni parentis
Splendorem æternum,
Velatum sub carne, videbimus,
Deum infantem,
Pannis involutum.
Venite, adoremus (*ter*) Dominum.

Natum videte, etc.

Embrassons ce Dieu rédempteur ;
C'est lui-même qui nous l'ordonne.
Qu'il règne seul dans notre cœur :
N'est-ce pas lui qui nous le donne?
Je vous aime, ô divin Jésus!
Soyez mon guide et ma défense.
Je veux pratiquer les vertus
Que me retrace votre enfance.
Venez donc, venez avec moi....

POUR LA BÉNÉDICTION DU SAINT SACREMENT.

O Roi des Cieux!
Vous nous rendez tous heureux ;
Vous comblez tous nos vœux
En résidant pour nous dans ces lieux.
De notre bonheur
Vous êtes l'auteur.
Prodige d'amour!
Dans ce séjour.

Vous vous immolez pour nous chaque jour ;
A l'homme mortel
Vous offrez un aliment éternel.
O Roi des Cieux! etc.
Seigneur, vos enfans
Reconnaissans,
Vous offrent les plus tendres sentimens ;
Leurs cœurs sans retour,
Veulent brûler du feu de votre amour.
O Roi des cieux! etc.

Chantons tous en chœur
Louange, honneur
A Jésus notre aimable Rédempteur !
Chantons à jamais
De son amour les éternels bienfaits.
O Roi des cieux! etc.

Pro nobis egenum
Et fœno cubantem,
Piis foveamus amplexibus; (a)
Sic nos amantem
Quis non redamaret?
Venite, adoremus (*ter*) Dominum.

Natum videte, ect.

PURGATOIRE.

Au fond des brûlans abîmes,
Nous gémissons, nous pleurons,
Et pour expier nos crimes,
Loin de Dieu nous y souffrons.
Hélas! hélas!
Feu vengeur de tes victimes, } *bis.*
Les pleurs ne t'éteignent pas.
Hélas! hélas! etc.

A l'aspect de nos suplices,
Chrétiens, attendrissez-vous:
A nos maux soyez propices;
O nos frères! sauvez-nous.
Hélas! hélas!
Le Ciel, sans vos sacrifices, } *bis.*
Ne les abrégera pas.
Hélas! hélas! etc.

De ces flammmes dévorantes
Vous pouvez nous arracher:
Hâtez-vous, âmes ferventes,
Dieu se laissera toucher.
Hélas! hélas!
De ces peines si cuisantes } *bis*
La fin ne vient-elle pas?
Hélas! hélas!

AU SACRÉ CŒUR DE JÉSUS.

AIR : *Du serment français.*

Que vois-je? quels torrens de flammes,
Nous verse le cœur de Jésus !
Ah ! c'est qu'il invite nos ames,
A venir s'embraser de ce feu des élus.
O très sacré Cœur que j'adore,
Qui de nos cœurs êtes jaloux,
Je vous bénis et vous implore :
Cœur de Jésus, ayez pitié de nous.

Du Sauveur le cœur magnanime,
Du ciel irrité contre nous,
Voulut devenir la victime,
Et nous mettre à l'abri des traits de son courroux.
O très sacré Cœur, etc.

Comptons les épines cruelles
Dont il souffrit tant de douleurs :
A leur aspect, ames charnelles,
Oseriez vous encor vous couronner de fleurs ?
O très sacré Cœur, etc.

Contemplez la croix, qui s'élève
De ce cœur tout brûlant d'amour:
Vous son disciple, son éleve,
Avec humilité portez-là chaque jour.
O très sacré Cœur, etc.

Sondez la dernière blessûre
D'où son sang, pour nous, a coulé:
Que, ravi, votre esprit mesure
L'immense charité de Jésus immolé.
O très sacré Cœur, etc.

Cœur sacré, vous, notre espérance,
Mettez le comble à vos bienfaits :
Soyez le salut de la France,
Et puissent tous les cœurs vous aimer à jamais.
O très sacré cœur, etc.

Office du saint Rosaire de la sainte Vierge.

A PRIME.

La première Antienne de Laudes.

Au R. br. V. Qui êtes né d'une Vierge.

Au R. bref. V. Qui natus es de Virgine.

CANON.

Ex Decreto Gregorii decimi tertii in honorem sanctissimi Rosarii.

Du Décret de Grégoire XIII, Pape, en l'honneur du Saint Rosaire.

Ad tantæ victoriæ à Christianis ope Rosarii de Turcis reportatæ memoriam conservandam, et ad gratias Deo et beatissimæ Virgini agendas; festum solemne sub nuncupatione Rosarii in primâ Dominicâ mensis octobris, singulis annis perpetuis futuris temporibus, per universi orbis partes in Ecclesiis in quibus Altare, vel Capella Rosarii fuerit, ab omnibus et singulis utriusque sexûs Christi fidelibus sub Duplicis-majoris Officio, ad instar aliarum Solemnitatum, de Apostolicæ potestatis plenitudine celebrandum, et sanctificandum decernimus. Tu autem.

Pour conserver la mémoire de a glorieuse victoire que les Chrétiens ont remportée sur les Turcs, par la vertu de la dévotion du saint Rosaire, et pour en rendre d'éternelles actions de grâces à Dieu et à la sainte Vierge : de la plénitude de notre autorité Apostolique, nous établissons à perpétuité une Fête solennelle sous le nom de Notre-Dame du Rosaire, qui sera célébrée chaque année le premier Dimanche du mois d'Octobre, par tous les Fidèles de l'un et de l'autre sexe, dans toutes les Eglises du monde entier, où il y aurait un Autel ou une Chapelle du Rosaire, et l'Office s'en fera de rit Double-majeur, ainsi que dans les autres solennités.

A TIERCE.

Ant. Clamor in mari auditus est, auditum pessimum audierunt, turbati sunt in mari, et omnes viri pretii conticescent in die illâ.

CAPITULE. *Sagesse*, 10.

Populum justum liberavit à nationibus; stetit contra Reges horrendos in portentis et signis; deduxit justos in viâ mirabili; transtulit illos per aquam nimiam: inimicos autem illorum demersit in mare. Ideò justi tulerunt spolia impiorum. R. Deo gratias.

V. *br*. Currus et exercitum* projecit in mare.* Alleluia, allel R. Electi principes ejus * submersi sunt in mari. * Alleluia, allel. Gloria Patri. Currus, etc.

V. Dextera Domini magnificata est in fortitudine. R. Dextera Domini percussit inimicum. *Exod*. 15.

La Collecte de la Messe.

A LA PROCESSION.

V. Notum fecit Dominus salutare suum: in conspectu gentium revelavit justitiam suam. * Recordatus est misericordiæ suæ, et veritatis suæ domui Israël. V. Beatam me dicent omnes generationes, quia fecit mihi magna qui Potens est, et sanctum nomen ejus. * Recordatus est. Goria Patri. * Recordatus est. *Ps*. 97. *Luc*, 1.

V. Salvavit eos propter nomen suum; R. Ut notam faceret potentiam suam. *Ps*. 105.

A LA MESSE.

INTROIT. *Judith*, 13.

In me ancillâ suâ Dominus Deus adimplevit misericordiam suam, quam promisit domui Israël; et interfecit in manu meâ hostem populi sui.

Ps. Confitemini Domino, quoniam bonus *; quoniam in seculum misericordia ejus. Gloria Patri. In me. *Ps*. 117.

COLLECTE.

Deus quem nosse consummata justitia est, et cujus unigenitum cognoscere quem misisti Jesum Christum, vita æterna: da nobis ejus Incar-	O Dieu, vous connoître est la consommation de la justice, et connoître Jésus-Christ votre Fils unique que vous avez envoyé, est la vie éternelle:

nationis, Passionis, et Resurrectionis sacra mysteria, ita sanctissimo beatæ Virginis Mariæ Rosario, piâ mente contemplari, et corde perfecto prosequi; ut beatam illam vitam, ipsâ Dei Genitrice, repetitis congratulationibus et supplicationibus, nobis beniguâ, assequi voleamus. Per eumdem Dominum nostrum Jesum Christum filium tuum, qui tecum vivit et regnat in unitate spiritûs sancti Deus, per omnia sæcula sæculorum. Amen.

accordez-nous qu'en méditant avec piété, par le saint Rosaire de la bienheureuse Vierge Marie, les mystères sacrés de l'Incarnation, de la Passion et de la Résurrection de ce divin Fils, nos esprits en soient si remplis, et nos cœurs tellement pénétrés, que, par la puissante intercession de cette sainte mère de Dieu, que nous nous efforçons de mériter par les glorieuses félicitations et les humbles supplications que nous ne cessons de lui adresser, nous parvenions à cette heureuse vie; par le même notre Seigneur Jésus-Christ, etc.

Mémoire du Dimanche occurent.

EPITRE.

Lectio libri Ecclesiastici. *Chap.* 24.

In Deo honorabitur, et in medio populi sui gloriabitur, et in ecclesiis Altissimi aperiet os suum, et in conspectu virtutis illius gloriabitur; et in medio populi sui exaltabitur, et in plenitudine sanctâ admirabitur, et in multitudine electorum habebit laudem, et inter benedictos benedicetur dicens: Ego in altissimis habitavi, et thronus meus in columnâ nubis: profundum

Du livre de l'Ecclésiastique.

Elle sera honorée en Dieu, sa gloire éclatera au milieu de son peuple; elle ouvrira sa bouche dans les assemblées du Très-Haut, et la force dont il l'a revêtue sera pour elle le sujet d'une grande gloire: elle sera élevé au milieu de son peuple, et elle sera admirée dans l'assemblée de tous les Saints. Elle recevra des louanges parmi la multitude des élus, et sera bénie de ceux qui seront bénis de Dieu. Elle dira: J'ai habité dans les lieux

abyssi penetravi; in fluctibus maris ambulavi, et in omni terrâ steti, et in omni populo, et in omni gente primatum habui. In his omnibus requiem quæsivi, et in hæreditate Domini morabor. Tunc præcepit et dixit mihi Creator omnium : et qui creavit, me requievit in tabernaculo meo et dixit mihi : In Jacob inhabita, et in Israël hæreditare, et in electis meis mitte radices. Usque ad futurum seculum non desinam, et in habitatione sanctâ coram ipso ministravi. Et sic in Sion firmata sum, et in civitate sanctificatâ similiter requievi, et in Jerusalem potestas mea. Et radicavi in populo honorificato, et in parte Dei mei hæreditas illius, et in plenitudine sanctâ detentio mea. Quasi cedrus exaltata sum in Libano, et quasi cypressus in monte Sion. Ego quasi therebinthus extendi ramos meos, et rami mei honoris et gratiæ. Ego quasi vitis fructificavi suavitatem odoris. Ego mater pulchræ dilectionis, et timoris, et agnitionis, et sanctæ spei. In me gratia omnis viæ, et veritatis;

très-hauts, et mon trône est dans une colonne de nuée : J'ai pénétré la profondeur des abymes, j'ai marché sur les flots de la mer, j'ai parcouru toute la terre, j'ai eu l'empire sur tous les peuples et sur toutes les nations. Parmi toutes ces choses, j'ai cherché un lieu de repos, et une demeure dans l'héritage du Seigneur. Alors le Créateur de l'univers m'a parlé, et m'a fait connoître sa volonté. Celui qui m'a créé a reposé dans mon tabernacle, et il m'a dit : Habitez dans Jacob, qu'Israël soit votre héritage, et prenez racine dans mes élus. Je ne cesserai point d'être dans la suite de tous les âges, et j'ai exercé devant lui mon ministère dans la sainte demeure. J'ai été ainsi affermi dans Sion; j'ai trouvé mon repos dans la cité sainte, et ma puissance est établie dans Jérusalem. J'ai pris racine dans le peuple que le Seigneur a honoré, dont l'héritage est le partage de mon Dieu, et j'ai établi ma demeure dans l'assemblée de tous les saints. J'ai été élevée comme les cèdres du Liban, et comme les cyprès de la montagne de Sion. J'ai étendu mes branches comme un thérébinthe, et mes branches sont des branches d'hon-

n me omnis spes vitæ, et virtutis. Transite ad me, omnes qui concupiscitis me, et à generationibus meis implemini.

neur et de gloire. J'ai poussé des fleurs d'une agréable odeur comme la vigne, et mes fleurs sont des fruits de gloire et d'abondance. Je suis la mère du bel amour, de la crainte, de la science et de l'espérance sainte. En moi est toute la grâce de la voie et de la vérité; en moi est toute l'espérance de la vie et de la vertu. Venez à moi, vous tous qui me desirez avec ardeur, et remplissez-vous des fruits que je porte.

GRADUEL. *Ps.* 110. *Luc*, 1.

Redemptionem misit Dominus populo suo: mandavit in æternum testamentum suum: laudatio ejus manet in seculum sæculi. V. Fecit mihi magna qui Potens est; dispersit superbos mente cordis sui: deposuit potentes de sede.

Alleluia, alleluia.

V. Nobiscum est Deus qui fecit virtutem: laudate Dominum Deum nostrum, qui non deseruit sperantes in se. Alleluia. *Judith*, 13.

PROSE.

Quæ festa dies agitur!
Tota patet Religio,
Christus totus recolitur,
Mariæ ministerio.

Dulce Matris et Filii
Sensus verbis exprimere;
Sed in arâ cordis pii
Magis juvat induere.

O quàm libenter Virginem
Verbum in matrem accipit!
Quam sanctè Verbum hominem

L'Auguste solennité! En honorant aujourd'hui Marie, nous adorons l'Homme-Dieu, et nous glorifions les mystères de son amour envers les hommes.

En publiant aujourd'hui avec tant d'alégresse ce que la charité immense du Fils et la bonté de la Mère ont fait en notre faveur, que les sentimens de la plus sincère et de la plus solide piété pénètrent et remplissent nos cœurs.

Oh! avec quelle joie le Verbe vint s'incarner dans le chaste sein d'une Vierge si pure! Il n'est donné à

In se Maria suscipit !

Scandit montes Virgo parens,
Numen onus dulce, premit :
In alvo matris residens,
Infans Joannes exilit.

E Virginali gremio
Æterna proles nascitur ;
Jacentem in præsepio
Mater colit, amplectitur.

Offert Maria Filium,
Jesus matri subducitur ;
Patris implens officium,
In templo recognoscitur.

Pro nobis factus hostia
Christus orat, prosternitur :
Versatur in agoniâ ;
Venis cruor dilabitur.

Illibatum crudelibus
Corpus flagellis cæditur ;
Adorandum cœlitibus
Caput vepribus cingitur.

Ignem, verus Isaac, gerit,
Et lignum sacrificii :

nul homme de dire quelle est la sainteté du tabernacle où le Dieu fait homme vient habiter.

Cette Vierge, qui a conçu l'Eternel, traverse avec promptitude les montagnes de la Judée : Jean, sanctifié par la présence du Sauveur des hommes, tressaille d'alégresse dans le sein d'Elisabeth.

Le Messie, engendré de toute éternité par son Père, naît dans le sein d'une Vierge ; cette auguste Mère, dans le transport de son admiration et de son amour, l'adore dans la crèche.

Fidele à la Loi, incontinent elle le porte au Temple, et l'offre à Dieu son Père. C'est dans le temple qu'elle le retrouve, lorsque pour accomplir le mystère dont il étoit chargé, il s'étoit absenté de sa compagnie.

Jésus, que son amour a rendu la victime volontaire pour nos péchés, prie prosterné en terre ; il tombe dans une agonie cruelle ; une sueur de sang découle de toutes les parties de son corps.

Ce corps innocent est déchiré par mille coups de fouets que de barbares bourreaux déchargent sur lui avec la plus impitoyable fureur ; sa tête sacrée est couronnée d'épines.

Victime ainsi préparée,

Morte nos Deo partu-
rit;
Fimus Mariæ Filii.

Surgit Christus è tu-
mulo,
Cœli conscendit atria;
Dona, mirante populo,
Dat Spiritus cœlestia.

Repleta flamma cœ-
litum
Ardet Maria Filium:
Amor resolvens Spiri-
tum
Cœlo rependit præ-
mium.
O quæ Matris hila-
ritas,
Conspectâ Nati gloriâ!
Quæ Nati liberalitas,
Pro Matris excellentiâ!

Assidens Nato proxi-
ma
Gratiarum fit alveus;
Salutis potentissima,
Adversùs hostem cly-
peus.
Ipsâ favente, cœdi-
tur
Monstrum duplex ma-
leficum
Impius Turca vincitur,
Cadit genus hereticum.

Nos ergò cum fidu-
ciâ,
Imitantes quod coli-
mus,
Rogemus in angustiâ

il porte la croix qui doit être l'autel sur lequel il va être immolé. Isaac en fut autrefois la figure; Jésus accomplit la réalité de cet étonnant sacrifice: il y est attaché: il y expire. Par sa mort, le droit à l'héritage de notre père céleste nous est rendu. Par les dernières paroles de Jésus, Marie nous est donnée pour mère.

Bientôt il sort plein de gloire du tombeau: son triomphe est consommé, en s'élevant dans les cieux par la vertu de sa divinité. C'est de là qu'il envoie le Saint-Esprit sur la terre, et qu'il comble les hommes de tous ses dons.

L'amour sacré dont le cœur de Marie est brûlé brise les liens qui la retenoient sur la terre. Elle est enlevée dans le ciel; elle y est mise en possession de celui qu'elle a tant aimé; elle reçoit la récompense de tant de sublimes et héroiques vertus qu'elle a pratiquées.

Oh! qui pourroit exprimer les ravissemens, les extases, les transports de joie de cette auguste Mère, voyant dans toute sa gloire ce Fils si tendrement chéri! Qui pourrait raconter tout ce que fait ce Fils tout-puissant pour

Quam in matrem accepimus.
Cum ipsâ castum filio :
Paremus habitaculum ;
Fortes omne cum gaudio
Superemus obstaculum.

Nascamur omnes cum Deo,
Renovati per omnia ;
Crescamus omnes cum eo
Ætate, sapientiâ.

Nostris accescant fletibus
Christi cruoris flumina ;
Figamus spinas cordibus :
Carne plectentes crimina.

Bajulemus Christi Crucem
Cruoris empti pretio ;
Mariam sequamur ducem,
Moriamur cum Filio.

Abjectis sæcularibus,
Quæramus spiritalia ;
Ut solutis corporibus,
Consequamur cœlestia.
Amen.

une Mère si tendrement aimée, et si remplie de mérite !

Placée sur le trône le plus élevé, n'ayant que Dieu au-dessus d'elle, elle est le canal par où toutes les grâces coulent avec abondance sur les hommes, et un rempart puissant contre tous leurs ennemis.

Par sa protection puissante, deux monstres de fureur furent terrassés. L'infidèle Musulman a vu ses plus formidables armées mises en déroute, et la détestable hérésie a vu ses autels sacriléges renversés.

Pleins de confiance, adressons nos vœux à cette puissante reine des cieux ; mais pour être dignes de sa protection, imitons les vertus que nous honorons en elle.

Que l'innocence de nos mœurs, la pureté de nos cœurs soient telles, que Jésus aime à y faire sa demeure : soutenus par sa grâce, surmontons avec courage tous les obstacles qui voudroient s'opposer à ce que nous vivions avec piété.

Par un heureux changement, naissons à une vie toute-divine. Que Jésus naisse dans nos ames ; comme lui croissons tous les jours en fidélité, en sagesse et en vertu.

Pleurons nos péchés; mêlons nos larmes au sang qu'a versé pour nous notre divin Rédempteur. Faisons pénitence : que les œuvres de la mortification chrétienne soient comme les épines qui percent et pénètrent nos cœurs.

Connoissons à quel prix nous avons été rachetés : portons tous les jours la Croix de Jésus. Mourons avec lui : mourons au monde, à nous-mêmes, et à toutes nos convoitises. Imitons les exemples que Marie nous a donnés, marchons à sa suite.

Dégageons nos cœurs de toutes les affections pour les biens, les plaisirs du monde, pour toutes les choses de la terre. N'estimons, ne desirons que les biens spirituels : soupirons sans cesse après le bonheur du ciel, afin de mériter d'y arriver. Ainsi soit-il.

EVANGILE.

Sequentia sancti Evangelii secundum Lucam. *Chap.* ..

In illo tempore, Missus est Angelus Gabriel à Deo in civitatem Galilææ, cui nomen Nazareth, ad Virginem desponsatam viro cui nomen erat Joseph, de domo David; et nomen Virginis, Maria. Et ingressus Angelus ad eam, dixit: Ave, gratiâ plena; Dominus tecum, benedicta tu in mulieribus. Quæ cùm audisset, turbata est in sermone ejus; et cogitabat qualis esset ista salutatio. Et ait Angelus ei : Ne timeas, Maria, invenisti enim gratiam a-

Suite du saint Evangile selon saint Luc.

En ce temps-là, l'Ange Gabriel fut envoyé de Dieu en une ville appelée Nazareth, à une Vierge qu'un homme de la maison de David, nommé Joseph, avoit épousée, et cette Vierge s'appeloit Marie. L'Ange étant entré où elle étoit, lui dit : Je vous salue, ô pleine de grâce! le Seigneur est avec vous : vous êtes bénie entre toutes les femmes. Mais elle, l'ayant entendu, fut troublée de ses paroles, et elle pensoit en elle-même quelle pouvoit être cette salutation. L'Ange lui dit: Ne craignez point, Marie, car vous

so, præ omnibus mulieribus super terram. *Judith*, 13.

Ps. 121. Lætatus sum.

Ant. Benedicta tu in mulieribus : invenisti enim gratiam apud Deum. *Luc*, 1.

Ps. 126. Nisi Dominus.

Ant. Non est in sermonibus tuis ulla reprehensio. Nunc ergo ora pro nobis ; quoniam mulier sancta es. *Judith*, 8.

Ps. 147. Lauda, Jerusalem.

Ant. Memorare dierum humilitatis tuæ : et tu invoca Dominum ; loquere Regi pro nobis, et libera nos de morte. *Esth.* 15.

CAPITULE. *Judith*, 15.

BENEDIXERUNT eam omnes unâ voce dicentes : Tu gloria Jerusalem : Tu lætitia Israël : Tu honorificentia populi nostri ; quia fecisti viriliter, et confortatum est cor tuum. Ideò et manus Domini confortavit te ; ideò eris benedicta in æternum.

R. Deo gratias.

HYMNE.

O quam fecit amor cernere nati Corpus funereâ de trabe pendens : Mortis fida comes, fida dolorum Consors, supplicibus flectere votis.	O vous dont le cœur tendre a pu soutenir le spectacle d'un Fils expirant en croix ; vous qui avez partagé tous ses tourmens, daignez être sensible à nos vœux.
Nunc regina sedes addita cœlo, Uno quippe minor facta Tonante : Cum nato genitrix læta triumphas, Et longos redimunt gaudia luctus.	Maintenant que vous régnez au haut des cieux, vous ne voyez que Dieu au-dessus de vous ; vous participez au triomphe de votre Fils, et le bonheur dont vous jouissez vous dédommage des maux que vous avez soufferts.
Est concessa tibi summa potestas ;	Votre puissance est sans bornes ; Mère de Dieu,

Mater namque Dei Sola, repulsam
Nescis, Te facilem das quoque nobis,
Et gaudes totidem credere natos.

pourriez-vous demander en vain? Vous aimez à exaucer nos prières, et vous nous chérissez comme vos enfans.

Te poscant miseris cladibus urbes
Afflictæ, fugiunt sæva malorum,
Morborumque cohors, diraque pestis:
Et flavæ segetes horrea rumpunt.

Que les villes vous réclament au milieu des fléaux qui les désolent; aussi-tôt vous exaucez leurs vœux: les maladies cessent; l'air a perdu sa malignité, et l'abondance succède aux horreurs de la famine.

Audebat patrios vertere ritus
Secta erroris amans; fregerat aras,
Multâ cæde ferox; victa nefandis
Armis Religio spreta jacebat.

L'hérésie toujours vouée à l'erreur, marchoit avec orgueil sur les débris de l'ancienne doctrine; sa main sacrilège se baignoit dans le sang, renversoit les autels; la Religion alloit sucomber sous ses coups impies.

At Maria suam lumine gentem
Respexit placido: corda rebelles
Deponunt animos, templa resurgunt:
Monstrum tartareis redditur antris.

Marie jette un regard de mère sur son peuple; la discorde fait place à la paix; les temples sortent de leurs ruines, et le monstre qui les renversoit rentre au fond des enfers.

Insanæ rabies effera gentis,
Conjurata crucis tollere nomen,
Sævit: Mater, ades; jamque rubebunt
Tincti sacrilego sanguine fluctus.

Une nation infidèle, toujours ennemie du nom adorable de la croix, réunit tous ses efforts. Mère de grâce, venez à notre aide; le sang de nos ennemis va rougir les flots.

Quid possis populi rebus in arctis
Non sensere semel: Gallia sensit

Combien de fois les peuples affligés n'ont-ils pas reçu des témoignages de votre puissante interces-

Præsertìm, et meriti gratia tanti
Æternum memori pectore vivet.
Divinæ Soboli qui dare matrem
In terris voluit, gloria Patri;
Cujus Virgo parens, gloria Nato:
Quo fœcunda, tibi, gloria, Flamen.
Amen.

sion! La France sur-tout en a ressenti les effets, et sa reconnoissance en célébrera à jamais la mémoire.

Gloire au Père qui a voulu donner une Mère à son Fils : gloire au fils, dont une Vierge a été la mère : gloire au Saint-Esprit qui a rendu cette Vierge féconde.

Ainsi soit-il.

V. Venite, filii, audite me : *R*. Timorem Domini docebo vos. *Ps*. 33.

V. Venez, mes enfans, écoutez-moi : *R*. Je vous enseignerai la crainte du Seigneur.

A MAGNIFICAT.

Ant. Ut filios meos carissimos moneo. Rogo ergo vos : Imitatores meî estote, sicut et ego Christi. I. *Cor.* 4.

La Collete de la Messe.

Mémoire du Dimanche occurrent.

A COMPLIES.

Psaumes du Dimanche.

Ant. Indue te decore et honore ejus quæ à Deo tibi est sempiternæ gloriæ. *Baruch*, 5.

Hymme, Virgo Dei Genitrix. *Capitule et V. bref, comme dans les différens Livres d'Offices.*

A NUNC DIMITTIS.

Ant. Qui creavit me, requievit in tabernaculo meo, et dixit mihi : In Jacob inhabita. Et sic in Sion firmata sum, et in plenitude Sanctorum detentio mea. *Eccli.* 24.

PRIÈRES AVANT LA RÉCITATION DU SAINT-ROSAIRE.

Au nom du Père et du Fils et du Saint-Esprit. Ainsi soit-il.

O Dieu Tout-Puissant et éternel, qui nous avez créés à votre image, et rachetés par le sang de votre adorable Fils, recevez l'offrande que nous vous faisons du Saint Rosaire, que nous allons réciter, pour nous pénétrer des mystères de notre salut, honorer les grandeurs de Marie, et mériter grâce auprès de vous par le secours de son intercession. Nous vous l'offrons pour l'exaltation de la sainte Eglise romaine, notre mère, pour l'extirpation des hérésies, pour l'expiation de nos péchés, pour ceux qui ont particulièrement droit à nos prières, pour les pécheurs et les justes, pour les infirmes et les affligés. Nous vous l'offrons spécialement pour tous les Confrères et Sœurs vivans et morts de la Confrérie du Saint Rosaire, dans l'intention de gagner les indulgences que les Souverains Pontifes ont attachées à cet exercice de piété.

Vierge sainte, Reine du ciel et de la terre, mère de Dieu ét notre mère, daignez présenter à Dieu nos prières. Conservez cette Confrérie dans la crainte de déplaire à Dieu ; faites qu'elle marche toujours sur vos traces, et qu'elle soit préservée de tout mal, et surtout de la tiédeur et du relâchement.

Sur le *Credo*. Nous demanderons à Dieu la grâce d'une foi vive et courageuse, lui promettant de ne jamais rougir de notre religion.

Sur le *Pater*. Nous bénirons la très-sainte Trinité des grâces ineffables qu'elle a accordées à Marie, pour la gloire et le secours du genre humain.

Sur les trois *Ave*. Nous honorerons Marie, comme fille du Père, comme mère du fils, et comme épouse du Saint-Esprit. Je crois en Dieu .... Notre Père.... Je vous salue, Marie.... trois fois.

V. Gloire au Père, au fils et au Saint-Esprit.

R. Comme elle étoit au commencement, maintenant et toujours, et dans les siècles des siècles. Ainsi soit-il.

R. Que les noms de Jésus et de Marie soient loués.
R. Maintenant et dans l'éternité.

LES MYSTÈRES JOYEUX.

PREMIER MYSTÈRE.	L'Annonciation.
Fruit du Mystère.	L'Humilité.

Nous vous offrons, adorable Jésus, cette première dizaine en l'honneur de votre incarnation dans le sein de la bienheureuse Vierge Marie ; et nous vous demandons, par son intercession, une très profonde humilité.

* *

IIe. MYSTÈRE.	La Visitation.
Fruit du Mystère.	La Charité du prochain.

Nous vous offrons, Seigneur Jésus, cette seconde dizaine en l'honneur de la visitation de votre sainte Mère à sa cousine sainte Elisabeth, et de la sanctification de saint Jean-Baptiste ; et nous vous demandons, par l'intercession de votre sainte Mère, la charité envers notre prochain.

* *

IIIe. MYSTÈRE.	La Naissance de J.-C.
Fruit.	La Pauvreté.

Nous vous offrons, Seigneur Jésus, cette troisième dizaine en l'honneur de votre Nativité dans l'étable de Bethléem ; et nous vous demandons, par ce mystère et par l'intercession de votre très sainte Mère, le détachement des biens du monde, le mépris des richesses et l'amour de la pauvreté.

* *

IVe. MYSTÈRE.	La Présentation de Jésus au temple.
Fruit.	La Soumission à la volonté de Dieu.

Nous vous offrons, ô divin Jésus ! cette quatrième dizaine en l'honneur de votre présentation au temple et de la purification de la Sainte-Vierge ; et nous vous demandons, par son intercession, la vertu d'obéissance et la soumission à votre sainte volonté.

* *

Ve. MYSTÈRE. Jésus retrouvé dans le Temple.
Fruit. La Vigilance.

Nous vous offrons, adorable Jésus, cette cinquième dizaine pour honorer le bonheur de votre sainte Mère, qui vous retrouva dans le temple; et nous vous demandons, par la sollicitude avec laquelle elle vous a cherché, par la douleur qu'elle ressentit de votre absence, et par sa joie lorsqu'elle vous retrouva, la grâce d'une vigilance continuelle sur nous-mêmes, afin de n'avoir jamais le malheur de vous perdre par le péché.

LES MYSTÈRES DOULOUREUX.

PREMIER MYSTÈRE. L'Agonie de notre Seigneur.
Fruit du Mystère. La Contrition.

Nous vous offrons, adorable Sauveur, cette première dizaine en l'honneur de votre agonie mortelle au jardin des Olives; et nous vous demandons, par ce mystère et par l'intercession de la très sainte Vierge, la contrition de nos péchés.

IIe. MYSTÈRE. La Flagellation.
Fruit. La Mortification.

Nous vous offrons, Seigneur Jésus, cette seconde dizaine, en l'honneur de votre sanglante flagellation; et nous vous demandons, par ce mystère et par l'intercession de votre sainte Mère, la mortification de nos sens.

* *

IIIe. MYSTÈRE. Le Couronnement d'épines.
Fruit. Le Mépris du monde.

Nous vous offrons, Sauveur Jésus, souffrant pour notre amour, cette troisième dizaine en l'honneur de votre couronnement d'épines; et nous vous demandons, par ce mystère et par l'intercession de la sainte Vierge, le mépris du monde.

* *

IVe. MYSTÈRE. Le Portement de la croix.
Fruit. La Patience dans les souffrances.

Nous vous offrons, adorable Sauveur, cette quatrième dizaine en l'honneur de votre portement de croix : et nous vous demandons, par ce mystère douloureux et par l'intercession de votre sainte Mère, la patience et la résignation dans toutes nos croix.

* *

Ve. MYSTÈRE. Le Crucifiement.
Fruit. L'Amour des ennemis.

Nous vous offrons, ô divin Sauveur, souffrant et mourant pour nous, cette cinquième dizaine, en l'honneur de votre crucifiement et de votre mort douloureuse sur le Calvaire ; et nous vous demandons, par les mérites des douleurs qu'éprouva votre sainte Mère aux pieds de votre croix, l'amour de nos ennemis, la conversion des pécheurs, et la persévérance des justes.

LES MYSTÈRES GLORIEUX.

PREMIER MYSTÈRE. La Résurrection.
Fruit du Mystère. La Conversion.

Nous vous offrons, Seigneur Jésus, cette première dizaine en l'honneur de votre glorieuse Résurrection ; et nous vous demandons, par ce mystère et par l'intercession de la très sainte Vierge, la conversion de nos cœurs et la ferveur dans votre service.

*

IIe. MYSTÈRE. L'Ascension.
Fruit. Le Desir du Ciel.

Nous vous offrons, adorable Jésus, cette seconde dizaine, en l'honneur de votre triomphante Ascension ; et nous vous demandons, par ce mystère et par l'intercession de la sainte Vierge, un desir ardent du Ciel et les graces nécessaires pour y parvenir.

* *

IIIe. MYSTÈRE. La Descente du Saint Esprit sur les Apôtres.
Fruit. L'Amour de Dieu.

Nous vous offrons, ô mon Sauveur, cette troisième dizaine, en l'honneur de ce mystère ; et nous vous demandons, par l'intercession de la sainte Vierge, la descente du Saint-Esprit dans nos âmes, pour les embrâser de votre amour.

* *

IVe. Mystère. L'Assomption de la sainte Vierge.
Fruit. L'Imitation de ses vertus.

Nous vous offrons, Seigneur Jésus, cette quatrième dizaine en l'honneur de la Résurrection et de la triomphante Assomption de votre sainte Mère dans le ciel ; et nous vous demandons, par sa puissante intercession, une tendre dévotion pour une si bonne mère, et la grâce d'imiter ses vertus.

* *

Ve. Mystère. Le Couronnement de la sainte Vierge.
Fruit. La Persévérance.

Nous vous offrons, adorable Jésus, cette cinquième dizaine, en l'honneur du couronnement de votre mère dans le Ciel ; et nous vous demandons, par son intercession toute puissante, la persévérance dans la grâce, et le bonheur d'être couronnés dans la gloire. Ainsi soit-il.

Psaume CXXIX.

De profundis clamavi ad te, Domine ; Domine, exaudi vocem meam.

Fiant aures tuæ intendentes in vocem deprecationis meæ.

Si iniquitates observaveris, Domine ; Domine, quis sustinebit ?

Quia apud te propitiatio est, et propter legem tuam sustinui te, Domine.

Sustinuit anima mea in verbo ejus ; speravit anima mea in Domino.

A custodiâ matutinâ usque ad noctem, speret Israël in Domino.

Quia apud Dominum misericordia, et copiosa apud eum redemptio;

Et ipse redimet Israël ex omnibus iniquitatibus ejus.

Requiem æternam dona eis, Domine, et lux perpetua luceat eis.

Requiescant in pace.

R. Amen

V. Domine, exaudi orationem meam.

R. Et clamor meus ad te veniat.

Oremus.

Deus veniæ largitor, et humanæ salutis amator, quæsumus clementiam tuam, ut nostræ Congregationis fratres, propinquos, et benefactores, qui ex hoc sœculo transierunt, beatâ Mariâ semper Virgine intercedente, cum omnibus Sanctis tuis, ad perpetuæ beatitudinis consortium pervenire concedas.

Fidelium, Deus, omnium conditor et redemptor, animabus famulorum famularum que tuarum remissionem cunctorum tribue peccatorum; ut indulgentiam, quam semper optaverunt, piis supplicationibus consequantur, qui vivis et regnas, Deus, in sæcula sæculorum.

R. Amen.

Récitons un *Pater* et un *Ave* pour les malades de la Confrérie et autres recommandés à nos prières.

Récitons un autre *Pater* et *Ave*, pour demander par l'intercession de saint Joseph, pour nous, pour les membres du saint Rosaire, et pour ceux qui participent à nos saints exercices, la grâce d'une bonne mort.

L'on dit ensuite l'*Angelus*, ou :

Sub tuum præsidium confugimus, sancta Dei Genitrix; nostras deprecationes ne despicias in necessitatibus; sed à periculis cunctis libera nos semper, Virgo gloriosa et benedicta. Amen.

FIN.

ERRATA.

Pag. 18, le ciel sans, *lisez* le soleil sans.
Pag. 19, fait fuir, *lisez* fait taire.

www.ingramcontent.com/pod-product-compliance
Ingram Content Group UK Ltd.
Pitfield, Milton Keynes, MK11 3LW, UK
UKHW021233230726
13926UKWH00003B/1408

9 782014 435122